노래만 부르면 저절로 외워지는
창조한자 8급 • 2권

편 저 자 : 박필립
펴 낸 곳 : 현보문화
펴 낸 이 : 김명순
제 휴 처 : CTS기독교TV 교회학교
편집기획 : 박화연
내용삽화 : 박신애

저자와 협의하에 인지생략

출판등록 : 제 2003-8
전　　화 : 050-2430-1004 (출판사)
　　　　　 070-8771-2542 (저자)
　　　　　 02-6333-2525 (CTS 교회학교)
홈페이지 : www.biblehanja.co.kr
　　　　　 copyright@2014 박필립

저작권법에 따라 보호받는 저작물이므로 무단전재와 복제를 금지하며
내용의 전부 또는 일부를 이용하려면 반드시 저작권자의 서면 동의를 받아야 합니다.

[주요 저서]
- CTS기독교TV 교회학교용 '노래만 부르면 저절로 외워지는 창조한자' 시리즈 전 20권
- '신비한 성경 속 한자의 비밀'
- '재밌는 성경 속 사자성어 구약편' (전 4권)
- '재밌는 성경 속 사자성어 신약편' (전 2권)
- '크리스천이면 알아야 할 맛있는 성경상식'
- '한자에 숨어있는 성경이야기'
- '성경보감'
- '성경이 만든 한자 DVD'
- '성경한자교육사 연수교재' 3급, 2급
- '금성 푸르넷 게임한자' 외 20여권

朴 必 立

어렸을 때부터 논어, 맹자 등 사서오경을 비롯한 한문고전들을 오랫동안 공부하였고, '성경서예 개인전'을 개최한 서예가이다.

런던 타임즈, 국민일보 등에 한자의 기원에 대해 연재를 하며 극동방송에 고정 출연하는 등 각종 방송과 언론을 통해 성경한자를 통한 선교활동에도 열성적으로 힘을 쏟고 있다.

사단법인 성경한자교육협회 회장인 저자는 CTS기독교TV 교회학교와 제휴하여 활동하면서 사단법인 한국칼빈주의 연구원 'C-STORY 운동(총재 정성구 박사)' 이사 직분을 섬기고 있다.

한국창조과학회 교육위원도 겸하고 있는 저자는 전국 교회는 물론이고, 그를 필요로 하는 곳에서 부르면 무조건 달려가서 '신비한 성경 속 한자의 비밀'이란 주제로 강의를 통한 은혜를 나누고 있다.

특히 유교식 한자 교육을 탈피하고 성경적 한자 교육을 보급시키기 위해 성경 속에서 네 글자 거룩한 말씀을 발췌한 '사자성어(四字聖語)'와 한자(韓字)가 동이족 문자임을 성경의 말씀대로 증거한 '신비한 성경 속 한자의 비밀'을 출판하여 중국과 북한 선교를 위한 문서사역을 하고 있다.

노래만 부르면 저절로 외워지는 창조한자를 내면서…

　신앙을 떠나서도 성경은 인류 최고의 책이자 인생의 지침서로서 더 이상의 책이 없다고 확신한다.
　그런데 지금까지 보급된 한자급수 관련 학습서를 보면 대부분 각 한자의 활용단어나 예문이 유교 혹은 불교 아니면 어떤 의미도 없는 그저 구색 맞추기로 일관되고 있음을 쉽게 확인할 수 있다.

　그래서 필자는 성경을 통한 한자를 익힐 수 있는 창조한자를 집필하여 모든 어린이들에게 선물하고 싶었다. 물론 이 생각은 수 년 전부터 해왔지만 생활인으로서 여러 바쁜 일정 때문에 선뜻 실행에 옮기지 못하다가 한자를 통한 교회학교 부흥 방법을 모색하며 기도하던 중 CTS기독교TV 교회학교에서 제휴 제안이 들어온 것을 계기로 그동안 마음속에만 담아 두었던 원고를 쓰게 되었다.
　이 책은 4분의 4박자 혹은 4분의 3박자 동요곡이나 찬송가 등의 곡에 붙여 노래하면 저절로 외워지는 학습법으로 창안했다. 그 가사 자체가 각 한자의 자원을 정확히 풀어주는 원리를 제시하기 때문에 별도로 외울 필요가 없다는 점이 특징 중의 으뜸이다.
　그리고 오랜 세월동안 변천해 온 각 한자의 글꼴을 갑골문자(甲骨文字)부터 전서, 예서, 해서 역대 명필의 서체를 제시하여 문자의 변천사도 함께 공부할 수 있는 수준 높은 편집도 다른 책에서는 찾아볼 수 없는 특징이라고 자랑하고 싶다.
　또한 각 한자마다 일상생활에서 사용하는 예문은 물론이고 해당하는 성경구절을 읽으면서 교훈을 얻을 수 있도록 심혈을 기울여 집필하였다.

　아무쪼록 이 노래만 부르면 저절로 외워지는 창조한자 학습서를 통하여 이 땅의 어린이들이 한자 학습에 흥미를 느끼기를 첫 번째로 소망한다. 그 다음은 다가오는 세대에게 기독교 복음을 전도하고 기독교를 이끌어갈 어린이들이 우리 동이족의 문자 설문해자에 근거한 자원풀이와 성경 말씀에 기반을 둔 이 교재를 통하여 제대로 된 한자 학습을 할 수 있기를 희망한다.
　그러나 그보다 더 중요한 것은 한자의 올바른 의미를 깨닫고 성경 말씀을 가까이하면서 하나님을 경외하는 새 생명으로 거듭나기를 간구한다.

朴必立

추천사

평생을 한학에 몰두해 오면서 한자교육과 관련한 많은 저서를 집필한 박필립 교수가 누구나 쉽게 노래를 부르면서 배울 수 있는 교회학교용 '창조한자' 책을 집필하였다. **어린 학생들의 인성교육과 더불어 교회학교 부흥과 전도에 활용 할 수 있는 一石二鳥(일석이조)의 한자교재**이어서 이를 기쁘게 생각하며 추천하는 바이다.

백석대학교 부총장 신학박사 **金 義 援** 목사
총신대학교 2대 총장

박필립 교수가 집필한 창조한자 교재가 왜 이제야 나왔나하는 아쉬움이 든다. 왜냐하면 「창조한자」책 내용을 자세히 살펴보니 참으로 교회학교 어린이 뿐만 아니라 일반 학생 및 성인들도 쉽게 배울 수 있는 획기적인 책이라 생각되었기 때문이다. **창조한자를 통해 수많은 어린이들이 예수님의 사랑을 알게 될 수 있을 것**이라 생각하며 적극 추천하는 바이다.

칼빈대학교 총장 신학박사 **金 在 淵** 목사
세계비젼 교회 담임 목사(25년)

전국의 교회학교에 학생들이 줄어가는 것에 많은 목회자들이 염려하고 있다. 이런 상황에서 한자를 통한 교회학교 부흥을 도모하는 평신도가 있어 주목을 끈다. 평생을 한학에 몰두해오면서 한자교육과 관련한 많은 저서를 집필한 박필립 교수이다. 그는 '노래만 부르면 저절로 외워지는 창조한자'를 통해 어린이들이 노래를 통해 쉽고 재미있게 한자를 배우면서 성경을 알게 만들었다.

호남신학대학교 총장 신학박사 **魯 英 相** 목사

우선 박필립 교수의 노고를 치하한다. 『창조한자』는 성경말씀의 내용을 익히는데 도움을 줄 뿐만 아니라, 배우는 과정에서 저절로 우리들의 삶에 유익한 한자를 익힐 수 있는 특징을 가지고 있다. 오늘날 우리들은 한글 전용을 선호한 시대에 살고 있기 때문에 한자를 익히는 데는 소홀히 하고 있다. 하지만 한국의 문화와 역사는 한자를 도외시 할 수 없는 상황이다. 특별히 우리의 어린 자녀들이 성경을 배우면서 한자도 습득하게 되면 자녀들의 개개인의 삶도 풍요롭게 될 것이지만, 한국 전체의 문화 수준이 더 높아질 것임은 불을 보듯 확실하기 때문에 **본서를 적극 추천하며 한국교회가 이를 잘 활용하여 미래를 준비하는 계기**가 되었으면 한다.

웨스트 민스터 신학대학원대학교 총장 신학박사 **朴 炯 庸** 목사

추천사

우리말 성경은 소리글자인 한글과 뜻글자인 한자의 두 가지 장점을 바탕으로 기록되었기 때문에 세계에서 원어를 가장 잘 번역한 성경으로 손꼽히고 있습니다. 그런데 우리는 순한글 성경만으로 신앙지도를 하고 있기 때문에 평소 이 점을 안타깝게 생각해 왔는데, 때마침 박필립 교수가 **성경 말씀을 바탕으로 교회학교용 한자책인 「창조한자」를** 출판한다는 반가운 소식을 접하고 이 책이 **전국 교회학교 부흥의 밑거름이 될 것이라고 생각**하면서 적극 추천합니다.

증경총회장 **安 永 老** 목사
한국기독교 총연합회 명예회장 / 세계농촌선교센터대표

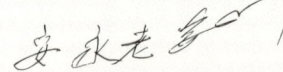

동방의 문자인 한자가 성경을 바탕으로 만들어졌다는 믿음으로 한평생을 연구해 오신 박필립 교수님이 CTS기독교TV와 함께 교회학교 부흥을 위해 집필한 창조한자 교재를 살펴보고 놀라움과 기쁨을 감출 수 없어 **예수님을 아직도 모르고 자라나는 우리 아이들이 하루라도 빨리 접할 수 있게 되기를 희망**하면서 교회학교에 적극 추천합니다.

광주교육대학교 2대 총장
이학박사 **李 正 宰** 장로
한국대학교총장협회 부회장 / 한국청소년선도협의회 총재

박필립 교수가 집필한 창조한자 교재는 책 이름처럼 참으로 창조적인 학습법이라 생각합니다. 어렵다고 생각되어 쉽게 접근하기 어려운 한자를 노래만 부르면 저절로 외워지는 학습법도 새롭지만 더욱이 **성경 말씀을 바탕으로 한자를 학습할 수 있는 한자교재이기** 때문에 교회 학교부흥에 크게 이바지 할 것이라 믿어 의심치 않아 추천합니다.

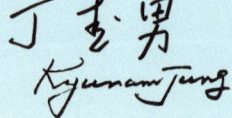

광신대학교 총장 신학박사 **丁 圭 男** 목사

박필립 교수가 성경 속의 한자어를 바탕으로 누구나 쉽게 노래 부르면서 배울 수 있는 교회학교 활용교재인 '창조한자' 책을 집필했다는 반가운 소식을 전할 수 있어 기쁨 마음으로 추천하는 바이다.
이 '창조한자'를 통해 **많은 어린이들이 복음을 접할 수 있는 또 하나의 통로가 되고, 교회학교가 부흥하는데 작은 도움이라도 되기를 기대한다.**

신학박사 **鄭 聖 久** 목사
전 총신대 학장 2회 및 대신대 총장
현 한국칼빈주의연구원장 / 사단법인 성경한자교육협회 이사장

추천사

한평생을 한문연구에 몰두하신 박필립 회장님(성경한자교육협회)이 새로 저술한 한자교재인 노래만 부르면 저절로 외워지는 창조한자는 우리의 아이들이 한자 습득 뿐 아니라, **하나님의 말씀인 성경을 학습하는 일거양득의 도움이 있을 것으로 판단**하여 교회학교에 적극 추천하는 바이다.

총신대학교 직전총장 신학박사 鄭 一 雄 목사

대한예수교 장로회 광주동명교회에서 나에게 신앙생활을 시작한 박필립 교수가 국문학자이셨던 선친(조선대학교 사범대학장 박홍원 교수)의 가르침으로 한학에 일로매진해 오던 중 새롭게 집필한 '창조한자'는 성경 말씀을 바탕으로 한자의 자원을 풀이하였을 뿐 아니라 찬송가 등의 곡에 맞춰 노래로 부르기만 하면 저절로 외워지는 교재인지라 놀라움을 금치 못하면서 어린이들이 누구나 쉽게 노래를 부르면서 배울 수 있는 **교회학교용 '창조한자' 책으로 인하여서 전국의 교회학교가 부흥되어 미래 기독교를 이끌어갈 동량들이 많이 배출되기를 기도**하며 추천합니다.

대한예수교 장로회 광주동명교회 崔 基 采 원로목사

대학교에서 교수로 신학도들을 가르치다가 목회현장에 오니 놀랍게 되는 게 교회 임직자들과 일반 성도들이 성경에 대해 잘 알지 못하는 면이 많다는 것과 그분들의 자녀들이 성경에 대해 무관심하고 신앙생활이 겨우 교회 다니는 것으로, 아니면 아예 교회를 등진 자녀들이 많다는 것이다. 이런 현실에서 박필립 교수의 **재미있고 배우기 쉬운 창조한자를 통한 성경교육을 가정과 교회에서 사용할 수 있는 필수참고서**라고 봐서 정중하게 추천하는 바이다.

신학박사 崔 鐘 震 목사
전 서울신학대학교 교수 및 총장, 한국기독교학회장
현 서울신대 명예교수 및 성북성결교회 담임목사

※ 추천사는 가, 나, 다 순으로 게재하였습니다.

노래만 부르면 저절로 외워지는
창조한자의 특징

- 노래만 부르면 각 한자의 원리와 함께 낱글자를 익히는 국내 최초 유일의 한자학습 비법이다.

- 가사 자체가 각 한자의 원리를 정확하게 풀어주므로 재미있게 노래 부르는 것이 한자 학습이 된다.

- 노래 악보는 제시된 찬송가 멜로디만 익히면 누구나 쉽게 따라 부르면서 한자를 학습할 수 있도록 구성되었지만 아이들이 자기가 아는 4분의 4박자 등의 동요 곡 등에 붙여 노래해도 저절로 외워지는 학습 비법으로 구성되었다.

- 각 글자마다 성경 구절 속에서 찾아 읽어 볼 수 있도록 편집하여 성경에 바탕을 둔 한자 학습법이 될 수 있도록 편집하였다.

- 성경 구절 속의 낱말에 해당하는 한자를 찾아가면서 다양한 모양의 비슷한 한자를 눈여겨 볼 수 있는 目印法(눈도장 찍는 법) 학습법을 창안하여 변별력을 높일 수 있는 학습법으로 편집하였다.

- 매주 마다 학습자 본인 스스로 배운 내용을 체크해 볼 수 있도록 복습복습 코너를 두어 자율학습이 될 수 있도록 구성하였다.

- 오랜 세월동안 변천해 온 각 한자의 글꼴을 **갑골문자**부터 **전서, 예서, 해서** 순서대로 역대 명필의 서체를 제시하여 문자의 변천사도 함께 공부하면서 정서적 안목도 높일수 있도록 기획한 수준 높은 편집도 다른 책에서는 찾아볼 수 없는 특징이다.

갑골문(甲骨文) : 고대 중국에서, 거북의 등껍질이나 짐승의 뼈에 새긴 상형문자로 한자의 가장 오래된 형태를 보여 주는 서체

전 서(篆書) : 진시황제 때(B.C 221년경) 승상 이사(李斯)가 대전의 자형을 간략하게 변형하여 만든 서체

예 서(隸書) : 진(秦)나라 때 옥리였던 정막이가 번잡한 전서를 생략하여 만들었다는 서체인데, 노예와 같이 천한 일을 하는 사람도 이해하기 쉽도록 한 글씨라는 뜻에서 붙여진 이름이다.

해 서(楷書) : 후한(後漢) 때 왕차중(王次仲)이 만들었다고 전해지는 서체로 정서(正書) 또는 진서(眞書)라고도 한다.

노래만 부르면 저절로 외워지는
창조한자의 학습법

한자 학습의 기본은 반복학습이다.

인간은 태어나면서부터 반복을 하면서 생활 방식을 익혀가는 특성을 지녔다. 그래서 예로부터 반복학습을 중요시하였음을 여러 곳에서 쉽게 찾아볼 수 있다. 글을 백번 읽으면 뜻이 저절로 나타난다거나, 논어의 첫 구절인 '學而時習之(학이시습지)'도 "배운 것을 때마다 반복해서 익히는 것"을 강조하는 말이다.

바로 이 창조한자 책은 노래를 부르면서 흥미롭게 익히되, 각 페이지를 차근차근 넘겨가면서 학습하다보면 자신도 모르게 반복하게 되어 저절로 익혀지는 특수학습법으로 구성되었다.

① 이번 주에 배울 한자가 어떤 것인지 급수 한자 표에서 눈 도장을 찍어둔다.

② 그 주에 배울 한자 원리 가사를 주어진 곡에 맞춰 3~4회 반복해서 노래를 부른다.

③ 성경 구절 속에서 이 주에 배울 한자가 어떻게 쓰이고 있는지를 읽어본다.

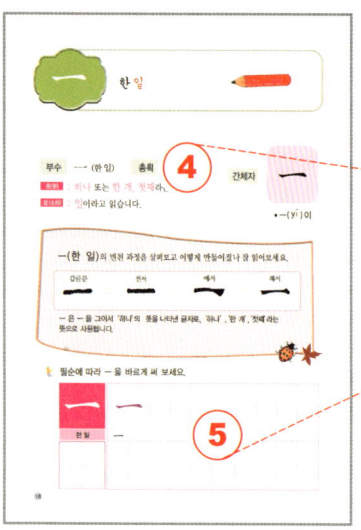

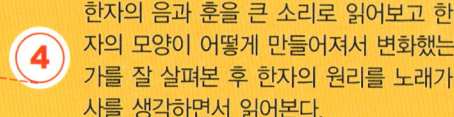 ④ 한자의 음과 훈을 큰 소리로 읽어보고 한자의 모양이 어떻게 만들어져서 변화했는가를 잘 살펴본 후 한자의 원리를 노래가사를 생각하면서 읽어본다.

⑤ 필순을 보면서 훈과 음을 소리내어 읽으면서 예쁘게 써 본다.

그림을 보고 문장 속의 ( )안에 알맞은 한자를 써 본다.

거꾸로 쓰인 한자의 훈과 음을 알아 맞혀 본다.

문장 속에 밑줄 친 한자의 음이 잘못된 것을 바르게 고쳐 쓴다.

성경 구절 속에 밑줄 친 뜻에 맞는 한자를 골라 연결하면서 모양이 비슷한 한자를 구별하는 목인법(눈도장 찍는법) 학습을 한다

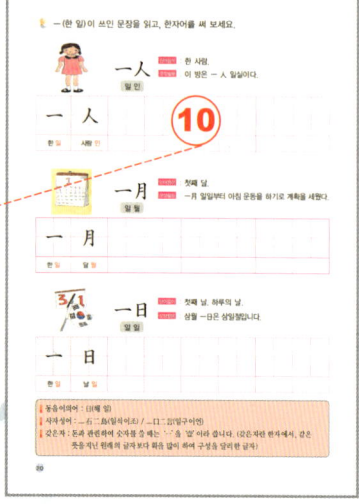

한자어를 써 보면서 한자어가 들어간 문장을 큰 소리로 읽어 본다.

노래만 부르면 저절로 외워지는 ━ 창조한자 《《《《

차례

이 책을 내면서 ………………………………………… 6
추천사 …………………………………………………… 7
이 책의 특징 …………………………………………… 10
이 책의 학습법 ………………………………………… 11
차례 …………………………………………………… 13
한자능력검정시험 안내 ………………………………… 14
8급한자 한눈에 보기 …………………………………… 15
2-1주 : 父 母 兄 弟 …………………………………… 16
2-2주 : 東 西 南 北 …………………………………… 31
2-3주 : 學 校 敎 室 …………………………………… 46
2-4주 : 반복학습 ……………………………………… 61
2-5주 : 韓 國 萬 民 …………………………………… 67
2-6주 : 靑 白 山 門 …………………………………… 82
2-7주 : 長 年 外 軍 寸 ………………………………… 97
2-8주 : 반복학습 ……………………………………… 115
아햐! 급수시험이 이거구나~♬ …………………………… 121
급수시험 해답 ………………………………………… 122
급수시험 답안지 양식 ………………………………… 123

>>>> 노래만 부르면 저절로 외워지는 — 창조한자

전국한자능력검정시험 안내

주관처 : 한국어문회
시행처 : 한국한자능력검정회

■ 급수배정

급수	읽기	쓰기	수준 및 특성
4급	1,000	500	중급 상용한자 활용의 고급 단계 (상용한자 1000자, 쓰기 500자)
4급II	750	400	중급 상용한자 활용의 중급 단계 (상용한자 750자, 쓰기 400자)
5급	500	300	중급 상용한자 활용의 초급 단계 (상용한자 500자, 쓰기 300자)
5급II	400	225	중급 상용한자 활용의 초급 단계 (상용한자 400자, 쓰기 225자)
6급	300	150	기초 상용한자 활용의 고급 단계 (상용한자 300자, 쓰기 150자)
6급II	225	50	기초 상용한자 활용의 중급 단계 (상용한자 225자, 쓰기 50자)
7급	150	–	기초 상용한자 활용의 초급 단계 (상용한자 150자)
7급II	100	–	기초 상용한자 활용의 초급 단계 (상용한자 100자)
8급	50	–	한자 학습 동기 부여를 위한 급수 (상용한자 50자)

- 상위급수 한자는 하위급수 한자를 모두 포함하고 있습니다.
- 쓰기 배정 한자는 한두 급수 아래의 읽기 배정한자이거나 그 범위 내에 있습니다.
- 초등학생은 5급 취득에 목표를 두고, 학습하길 권해 드립니다.

■ 급수별 출제기준

구분	4급	4급II	5급	5급II	6급	6급II	7급	7급II	8급
독 음	32	35	35	35	33	32	32	22	24
훈 음	22	22	23	23	22	29	30	30	24
장단음	3	0	0	0	0	0	0	0	0
반의어(상대어)	3	3	3	3	3	2	2	2	0
완성형(성어)	5	5	4	4	3	2	2	2	0
부 수	3	3	0	0	0	0	0	0	0
동의어(유의어)	3	3	3	3	2	0	0	0	0
동음이의어	3	3	3	3	2	0	0	0	0
뜻풀이	3	3	3	3	2	2	2	2	0
약 자	3	3	3	3	0	0	0	0	0
한자 쓰기	20	20	20	20	20	10	0	0	0
필 순	0	0	3	3	3	3	2	2	2
한 문	0	0	0	0	0	0	0	0	0
출제문항(계)	100	100	100	100	90	80	70	60	50

8급 한자 중 이책에서 배울 한자

教 가르칠 교	校 학교 교	九 아홉 구	國 나라 국	軍 군사 군
金 쇠 금	南 남녘 남	女 여자 녀	年 해 년	大 큰 대
東 동녘 동	六 여섯 륙	萬 일만 만	母 어머니 모	木 나무 목
門 문 문	民 백성 민	白 흰 백	父 아버지 부	北 북녘 북
四 넉 사	山 메 산	三 석 삼	生 살 생	西 서녘 서
先 먼저 선	小 작을 소	水 물 수	室 집 실	十 열 십
五 다섯 오	王 임금 왕	外 밖 외	月 달 월	二 두 이
人 사람 인	一 한 일	日 해 일	長 긴 장	弟 아우 제
中 가운데 중	靑 푸를 청	寸 마디 촌	七 일곱 칠	土 흙 토
八 여덟 팔	學 배울 학	韓 한국 한	兄 맏 형	火 불 화

💡 노래 부르며 한자를 익혀보세요.

활용곡 : 찬송가 306장 죽을 죄인 살려주신

💡 성경에서 한자 찾아 읽기

- 네 父母를 공경하라 그리하면 네 하나님 여호와가 네게 준 땅에서 네 생명이 길리라
  [출애굽기 20:12]

예물을 제단 앞에 두고 먼저 가서 兄弟와 화목하고 그 후에 와서 예물을 드리라
[마태복음 5:24]

어찌하여 兄弟의 눈 속에 있는 티는 보고 네 눈 속에 있는 들보는 깨닫지 못하느냐
[마태복음 7:3]

 아버지 부

부수 父(아버지 부) 총획 4획

훈(뜻) : 아버지라는 뜻입니다.
음(소리) : 부라고 읽습니다.

간체자

• 父(fù)뿌

父(아버지 부)의 변천 과정을 살펴보고 어떻게 만들어졌나 잘 읽어보세요.

갑골문		전서		예서		해서
	⇨		⇨		⇨	

父는 오른 손에 회초리를 들고 자녀를 교육시키는 엄하면서 자상한 아버지의 모습[]을 본뜬 글자로, '아버지' 라는 뜻으로 사용됩니다.

필순에 따라 父를 바르게 써 보세요.

父
아버지 부

ノ ハ グ 父

💡 다음 그림을 보고 문장의 ( ) 안에 알맞은 한자를 써 보세요.

아버지( )하고 일요일에 　제 부( )친께서는 지금
등산을 갔습니다.　　　　　　외출하시고 안계십니다.

💡 다음 거꾸로 된 글자의 훈[뜻]과 음[소리]을 써 보세요.

　　훈(뜻) :

　　　　　　　　　음(소리) :

💡 다음 밑줄 친 한자의 음[소리]을 바르게 고쳐 쓰세요.

문 영재는 父(보)친으로부터 많은 재산을 물려받았다.

.... [　　　　]

💡 다음 중 밑줄 친 뜻에 맞는 한자를 골라 연결하세요.

> 아버지가 내게 가르쳐 이르기를 내 말을 네 마음에
> 두라 내 명령을 지키라 그리하면 살리라 [잠언 4:4]

•

☀️ 父(아버지 부)가 쓰인 문장을 읽고, 한자어를 써 보세요.

父母
부 모

단어풀이 : 아버지와 어머니
활용문장 : 父母님의 은혜는 하늘보다 높고 바다보다 깊다.

父 母
아버지 부 어머니 모

父女
부 녀

단어풀이 : 아버지와 딸을 아울러 이르는 말.
활용문장 : 우리 父女가 함께 미술 전시회를 열었습니다.

父 女
아버지 부 어머니 모

父子
부 자

단어풀이 : 아버지와 아들을 아울러 이르는 말.
활용문장 : 이웃집 父子는 매일 아침운동을 함께 한다.

父 子
아버지 부 아들 자

▌상대자 : 父 ⇔ 女 : 아버지(父)의 상대자는 딸(女)입니다.
　　　　　父 ⇔ 母 : 아버지(父)의 상대자는 어머니(母)입니다.
　　　　　父 ⇔ 子 : 아버지(父)의 상대자는 아들(子)입니다.
▌사자성어 : 父傳子傳(부전자전), 漁父之利(어부지리)

 어머니 모

부수 母 (말 무)   총획 5획

간체자 母

훈(뜻) : 어머니라는 뜻입니다.

음(소리) : 모라고 읽습니다.

• 母(mǔ) 무

母(어머니 모)의 변천 과정을 살펴보고 어떻게 만들어졌나 잘 읽어보세요.

갑골문	전서	예서	해서
⇨	⇨	⇨	母

母는 여자[女]가 어린아이를 안고 젖[;]을 먹여 기른다[]는 뜻을 나타낸 글자로, '어머니'라는 뜻으로 사용됩니다.

💡 필순에 따라 母를 바르게 써 보세요.

母	母				
어머니 모	ㄴ 刀 刃 母 母				
母					

💡 다음 그림을 보고 문장의 (   ) 안에 알맞은 한자를 써 보세요.

어머니(   )는 아이에게
젖을 먹여주고 있습니다.

그는 어머니(   )를
극진히 모시는 효자다.

💡 다음 거꾸로 된 글장의 훈[뜻]과 음[소리]을 써 보세요

훈(뜻) :

음 (소리) :

💡 다음 밑줄 친 한자의 음[소리]을 바르게 고쳐 쓰세요.

문 母(무)친의 말을 들은 진성은 아무 대답이 없이 다만 빙끗 웃었다
·· [   ]

💡 다음 중 밑줄 친 뜻에 맞는 한자를 골라 연결하세요.

> 나도 내 아버지에게 아들이었으며 내 어머니 보기에 유약한
> 외아들이었노라 [잠언 4:3]

💡 母(어머니 모)가 쓰인 문장을 읽고, 한자어를 써 보세요.

母女
모 녀

단어풀이 : 어머니와 딸.
활용문장 : 그들은 母女가 아니라 마치 자매처럼 보인다.

母	女				
어머니 모	여자 녀				

母子
모 자

단어풀이 : 어머니와 아들.
활용문장 : 노모께서는 母子 겸상을 받겠다고 하셨다.

母	子				
어머니 모	아들 자				

生母
생 모

단어풀이 : 자기를 낳은 어머니.
활용문장 : 양모의 기른 정과 生母의 낳은 정 중에 무엇이 더 큰가?

生	母				
날 생	어머니 모				

▌상대자 : 母 ⇔ 女 : 어머니(母)의 상대자는 딸(女)입니다.
　　　　　母 ⇔ 子 : 어머니(母)의 상대자는 아들(子)입니다.
　　　　　母 ⇔ 父 : 어머니(母)의 상대자는 아버지(父)입니다.
▌상대어 : 母子 ⇔ 父子 : 母子(모자)의 상대어는 부자(父子)입니다.
▌반의어 : 父母 ⇔ 子女 : 부모(父母)님의 반의어는 자녀(子女)입니다.

 맏 형

| 부수 | 儿(사람 인) | 총획 | 5획 |

훈(뜻) : 맏이 또는 형이라는 뜻입니다.
음(소리) : 형이라고 읽습니다.

간체자

• 兄(xiōng)씨옹

兄(맏 형)의 변천 과정을 살펴보고 어떻게 만들어졌나 잘 읽어보세요.

| 갑골문 | ⇨ | 전서 | ⇨ | 예서 | ⇨ | 해서 |

兄은 아래 형제들을 타이르고[口] 지도하는 사람[儿] 이라는 뜻을 나타낸[兄] 글자로, '맏이', '형' 이라는 뜻으로 사용됩니다.

💡 필순에 따라 兄을 바르게 써 보세요.

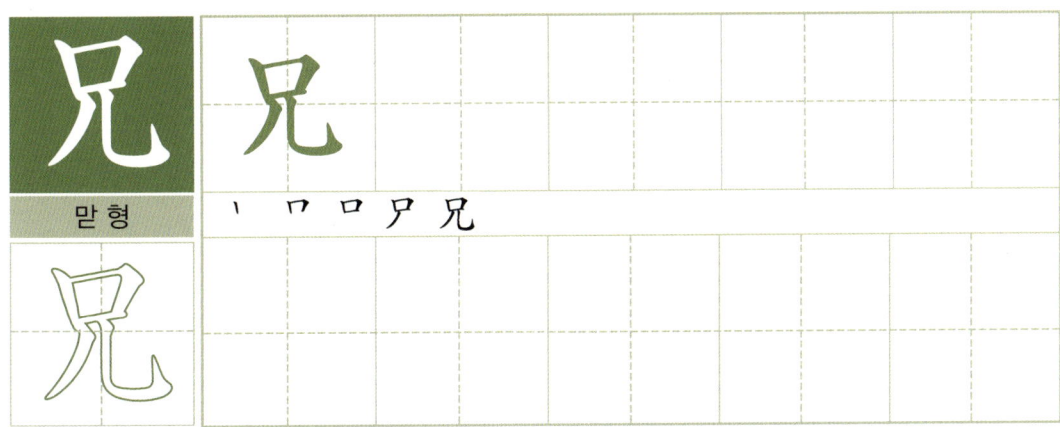

💡 다음 그림을 보고 문장의 ( ) 안에 알맞은 한자를 써 보세요.

나는 다섯 형제 중의
맏이(   )입니다.

형(   )하고 아우하고
다정하게 어깨동무하고 걸어갑니다.

💡 다음 거꾸로 된 글자의 훈[뜻]과 음[소리]을 써 보세요.

훈(뜻) :

음(소리) :

💡 다음 밑줄 친 한자의 음[소리]을 바르게 고쳐 쓰세요.

문 내 兄(형)은 언제나 전교 1등을 하여 부모님께 칭찬을 받습니다.
··[   ]

💡 다음 중 밑줄 친 뜻에 맞는 한자를 골라 연결하세요.

그런데 칠 형제가 있었는데 맏이가 아내를 취하였다가
자식이 없이 죽고 [누가복음 20:29]

•

💡 兄(맏 형)이 쓰인 문장을 읽고, 한자어를 써 보세요.

父兄
부 형

단어풀이: 아버지와 형을 아울러 이르는 말.
활용문장: 시골에 계신 父兄의 기대에 보답하기 위해서라도 열심히 공부해야지.

父	兄								
아버지 부	맏 형								

女兄
여 형

단어풀이: 손위 여자 형제.
활용문장: 바쁜 엄마 대신 나를 키운 것은 女兄이었다.

女	兄								
여자 녀	맏 형								

兄弟
형 제

단어풀이: 형과 아우.
활용문장: 저는 다섯 兄弟 중의 장남입니다.

兄	弟								
맏 형	아우 제								

- 상대자 : 兄 ⇔ 弟 / 형(兄)의 상대자는 아우(弟)입니다.
- 상대어 : 兄夫 ⇔ 弟夫 / 형부(兄夫)의 상대어는 제부(弟夫)입니다.
- 사자성어 : 難兄難弟(난형난제)

 아우 제

부수 弓(활 궁)　총획 7획

간체자 弟

훈(뜻) : 아우 또는 나이 어린사람이라는 뜻입니다.
음(소리) : 제라고 읽습니다.

• 弟(dì)띠

弟(아우 제)의 변천 과정을 살펴보고, 어떻게 만들어졌나 잘 읽어보세요.

| 갑골문 | ⇨ | 전서 | ⇨ | 예서 | ⇨ | 해서 |

弟는 활[弓]을 메고 화살[丿]을 타고 노는 어린아이의 모습[丫]을 나타낸 글자로, '아우', '나이 어린 사람' 이라는 뜻으로 사용됩니다.

💡 필순에 따라 弟를 바르게 써 보세요.

弟	弟				
아우 제	` ` ⺍ ⺍ 肖 弟 弟				
弟					

💡 다음 그림을 보고 문장의 (   ) 안에 알맞은 한자를 써 보세요.

형의 그늘에 가려 아우(　　　)의　　　　내 아우(　　　)는
재능은 드러나지 않았다.　　　　　　　말썽꾸러기 입니다.

💡 다음 거꾸로 된 글자의 훈[뜻]과 음[소리]을 써 보세요.

　　　훈(뜻) :

　　　　　　　　음(소리) :

💡 다음 밑줄 친 한자의 음[소리]을 바르게 고쳐 쓰세요.

문 형弟(저)에게 우환이 있으면 함께 근심하고 도와주어라.
·· [　　　　]

💡 다음 중 밑줄 친 뜻에 맞는 한자를 골라 연결하세요.

에벨은 두 아들을 낳아 하나의 이름을 벨렉이라 하였으니 이는
그 때에 땅이 나뉘었음이요 그의 아우의 이름은 욕단이며 [역대상 1:19]

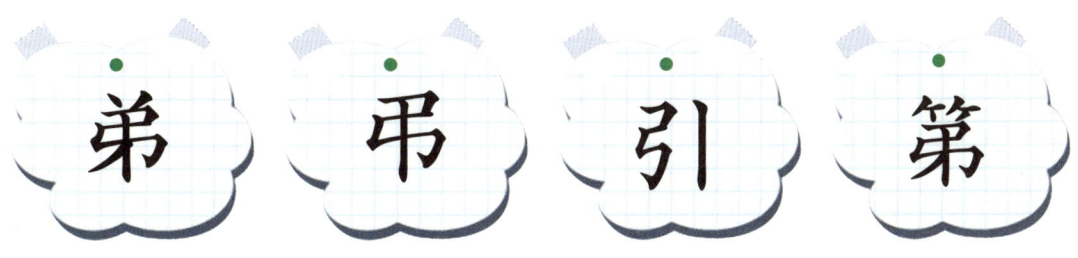

🔍 弟(아우 제)가 쓰인 문장을 읽고, 한자어를 써 보세요.

弟子
제 자

단어풀이 : 지식이나 덕을 갖춘 사람으로부터 가르침을 받는 사람.
활용문장 : 선생님은 어른이 된 弟子를 보시고 흐뭇해 하셨다.

弟	子						
아우 제	아들 자						

弟夫
제 부

단어풀이 : 여자가 자기 여동생의 남편을 이르는 말.
활용문장 : 弟夫는 내 여동생을 매우 아낀다.

弟	夫						
아우 제	지아비 부						

王弟
왕 제

단어풀이 : 왕의 아우.
활용문장 : 왕의 아우를 王弟라 한다.

王	弟						
임금 왕	아우 제						

▌상대자 : 弟 ⇔ 兄 / 아우(弟)의 상대자는 형(兄)입니다.
▌상대어 : 弟夫 ⇔ 兄夫 / 제부(弟夫)의 상대어는 형부(兄夫)입니다.
▌사자성어 : 難兄難弟(난형난제)

복습 복습 — 앞에서 배운 한자를 확실하게 익히자!

1 다음 〈보기〉와 같이 한자의 뜻과 음을 쓰세요.

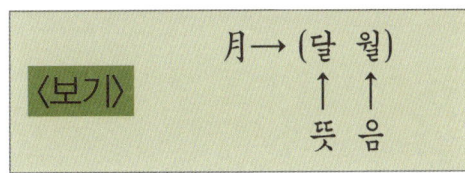

① 父 → (　　　　　　)
② 母 → (　　　　　　)
③ 兄 → (　　　　　　)
④ 弟 → (　　　　　　)

2 다음 〈보기〉와 같이 뜻과 음에 알맞은 한자를 쓰세요.

〈보기〉　달 월 → (月)

① 아우 제　→ (　　　　　　)
② 맏 형　　→ (　　　　　　)
③ 어머니 모 → (　　　　　　)
④ 아버지 부 → (　　　　　　)

3 다음 뜻에 해당하는 한자를 쓰세요.

① 맏이　→ (　　　　)　② 어머니 → (　　　　)
③ 아버지 → (　　　　)　④ 아우　→ (　　　　)

4 다음 한자어를 〈보기〉와 같이 독음하세요.

〈보기〉　一月 → (일 월)

① 父母 → (　　　　)　② 父兄 → (　　　　)
③ 兄弟 → (　　　　)　④ 母子 → (　　　　)

5 다음 ( )안에 알맞은 한자를 〈보기〉에서 찾아 써 보세요.

〈보기〉 父 母 兄 弟

회초리로 엄한교육 존경하는 아버지(　)
아이안고 젖먹이어 길러주신 어머니(　)
아우들을 돌봐주고 타이르는 맏(　)인데
활을메고 화살타며 노는아이 아우(　)라

6 다음의 뜻·소리·한자를 서로 바르게 연결해 보세요.

7 다음 □ 안에 알맞은 한자를 써 보세요.

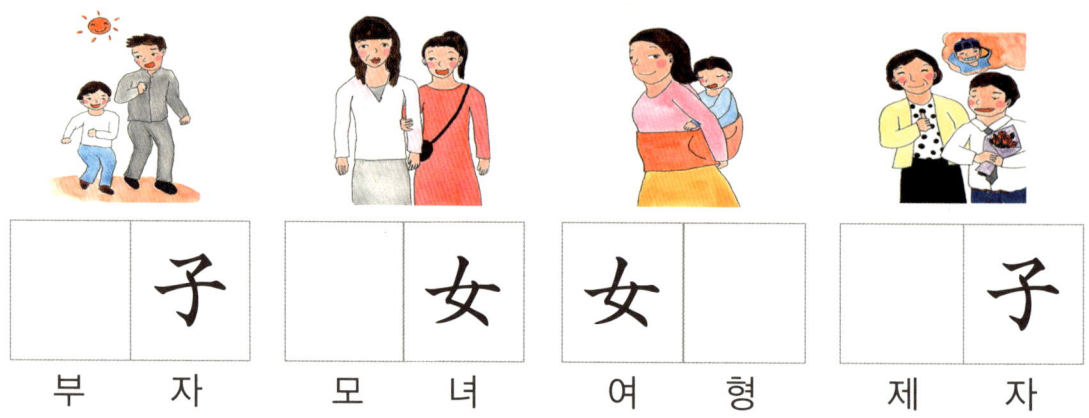

부 자　　모 녀　　여 형　　제 자

💡 노래 부르며 한자를 익혀보세요.

활용곡 : 찬송가 306장 죽을 죄인 살려주신

💡 성경에서 한자 찾아 읽기

> 그 받침 수레 다섯은 성전 오른쪽에 두었고 다섯은 성전 왼쪽에 두었고
> 성전 오른쪽 東南쪽에는 그 바다를 두었더라 [열왕기상 7:39]

> 뵈닉스는 그레데 항구라 한쪽은 西南을, 한쪽은 西北을 향하였더라
> [사도행전 27:12]

 동녘 동

부수 木(나무 목) 총획 8획

훈(뜻) : 동쪽 이라는 뜻입니다.
음(소리) : 동 이라고 읽습니다.

간체자

• 东(dōng)똥

東(동녘 동)의 변천 과정을 살펴보고, 어떻게 만들어졌나 잘 읽어보세요.

| 갑골문 | 전서 | 예서 | 해서 |

東은 태양[日]이 동쪽에서 떠오를 때 나무[木] 사이에 보이는 형상[束]을 나타낸 글자로, '동쪽'이라는 뜻으로 사용됩니다.

💡 필순에 따라 東을 바르게 써 보세요.

💡 다음 그림을 보고 문장의 (　) 안에 알맞은 한자를 써 보세요.

동(　　)산 위로 둥근 해가 떠 올랐습니다.

숲속에서 푸른 새 한 마리가 동녘(　　)으로 푸르르 날아갔다.

💡 다음 거꾸로 된 글자의 훈[뜻]과 음[소리]을 써보세요.

훈(뜻) :

음(소리) :

💡 다음 밑줄 친 한자의 음[소리]을 바르게 고쳐 쓰세요.

문 東(덩)쪽으로 훤히 트인 바다는 끝없이 하늘과 맞닿아 있었다.

……………………………………………………………………… [　　　]

💡 다음 중 밑줄 친 뜻에 맞는 한자를 골라 연결하세요.

솔로몬의 지혜가 <u>동쪽</u> 모든 사람의 지혜와 애굽의 모든 지혜보다 뛰어난지라 [열왕기상 4:30]

●

🍄 東(동녘 동)이 쓰인 문장을 읽고, 한자어를 써 보세요.

東山 (동산)

- 단어풀이 : 마을 부근이나 집 근처에 있는 낮은 언덕이나 작은 산.
- 활용문장 : 마을 뒤편의 東山에는 맑은 시냇물이 흐르고 있다.

東	山							
동녘 동	메 산							

東南 (동 남)

- 단어풀이 : 동쪽을 기준으로, 동쪽과 남쪽의 중간 방위.
- 활용문장 : 이 누각은 서쪽으로는 백마강을 굽어보며 東南 으로는 구룡 평야를 바라보는 곳이다.

東	南							
동녘 동	남녘 남							

北東 (북 동)

- 단어풀이 : 북쪽을 기준으로, 북쪽과 동쪽의 중간 방위.
- 활용문장 : 여기에서 北東 방향으로 가면 마을이 보일 겁니다.

北	東							
북녘 북	동녘 동							

▌ 상대자 : 東 ⇔ 西 / 동쪽(東)의 상대자는 서쪽(西)입니다.
▌ 상대어 : 東方 ⇔ 西方 / 동방(東方)의 상대어는 서방(西方)입니다.
　　　　　東洋 ⇔ 西洋 / 동양(東洋)의 상대어는 서양(西洋)입니다.
▌ 사자성어 : 東問西答(동문서답), 東西南北(동서남북)
▌ 모양이 비슷한 글자 : 東(동녘 동)과 束(묶을 속)

 서녘 서

부수 　襾(덮을 아)　　총획 　6획

훈(뜻) : 서쪽이라는 뜻입니다.

음(소리) : 서라고 읽습니다.

간체자 　西

• 西(xī)씨이

西(서녘 서)의 변천 과정을 살펴보고, 어떻게 만들어졌나 잘 읽어보세요.

갑골문	⇒	전서	⇒	예서	⇒	해서
🥚		囟		皿		西

西는 새가 둥지에 앉은 모양[]을 본뜬 글자로, 새가 둥지로 돌아올 무렵이면 해가 서쪽으로 진다는 데서 '서쪽' 이라는 뜻으로 사용됩니다.

💡 필순에 따라 西를 바르게 써 보세요.

💡 다음 그림을 보고 문장 (   ) 속 안에 알맞은 한자를 써 보세요.

어느덧 서쪽(   )하늘에   해가 서(   )산으로
노을이 붉게 물들었다.   지고 있습니다.

💡 다음 거꾸로 된 글자의 훈[뜻]과 음[소리]을 써 보세요.

   훈(뜻) :

음(소리) :

💡 다음 밑줄 친 한자의 음[소리]을 바르게 고쳐 쓰세요.

문 해가 西(수)쪽으로 지고나자 하얀 달이 중천에 보였다.
··· [   ]

💡 다음 중 밑줄 친 뜻에 맞는 한자를 골라 연결하세요.

그의 운명에 서쪽에서 오는 자와 동쪽에서 오는 자가 깜짝 놀라리라
[욥기 18:20]

•

💡 西(서녘 서)가 쓰인 문장을 읽고, 써 보세요.

西天
서 천

단어풀이 : 서쪽 하늘.
활용문장 : 西天에서 해가 뜨겠다.

西	天								
서녘 서	하늘 천								

東西
동 서

단어풀이 : 동쪽과 서쪽을 아울러 이르는 말.
활용문장 : 태백산맥을 경계로 하여 지역이 東西로 나뉜다.

東	西								
동녘 동	서녘 서								

西方
서 방

단어풀이 : 서쪽의 지방.
활용문장 : 칭기즈칸은 세력을 점차 西方으로 확장했다.

西	方								
서녘 서	방위 방								

▌상대자 : 西 ⇔ 東 / 서쪽(西)의 상대자는 동쪽(東)입니다.
▌상대어 : 西方 ⇔ 東方 / 서방(西方)의 상대어는 동방(東方)입니다.
　　　　　西洋 ⇔ 東洋 / 서양(西洋)의 상대어는 동양(東洋)입니다.
▌사자성어 : 東問西答(동문서답), 東西南北(동서남북)
▌모양이 비슷한 글자 : 西(서녘 서)와 襾(덮을 아)

 남녘 남

부수 十 (열 십)   총획 9획

훈(뜻) : 남쪽이라는 뜻입니다.
음(소리) : 남이라고 읽습니다.

간체자

• 南(nán)난

南(남녘 남)의 변천 과정을 살펴보고, 어떻게 만들어졌나 잘 읽어보세요.

갑골문		전서		예서		해서
㱿	⇨	南	⇨	南	⇨	南

南은 나무[屮]가 무성해서[¥] 사방[冂]으로 힘차게 뻗어나가는 곳을 나타낸 글자 [㡀]로, '남쪽'이라는 뜻으로 사용됩니다.

💡 필순에 따라 南을 바르게 써 보세요.

南	南					
남녘 남	一 十 十 丙 丙 南 南 南 南					
南						

💡 다음 그림을 보고 문장의 (   ) 안에 알맞은 한자를 써 보세요.

남(   )산 위에 저 소나무 철갑을 두른 듯~🎵

진해에서는 벚나무가 첫 꽃망울을 터뜨려 남녘(   )의 봄소식을 전해 주었다.

💡 다음 거꾸로 된 글자의 훈[뜻]과 음[소리]을 써 보세요.

훈(뜻) :

음(소리) :

💡 다음 밑줄 친 한자의 음[소리]을 바르게 고쳐 쓰세요.

문 바람이 불기 시작하면 제비들도 서서히 따뜻한 南(넘)쪽으로 떠난다.
··[   ]

💡 다음 중 밑줄 친 뜻에 맞는 한자를 골라 연결하세요.

● 매가 떠올라서 날개를 펼쳐 남쪽으로 향하는 것이 어찌 네 지혜로 말미암음이냐 [욥기 39:26]

🏆 南(남녘 남)이 쓰인 문장을 읽고, 써 보세요.

南下 남하

- 단어풀이 : 남쪽 방면을 향하여 내려옴.
- 활용문장 : 당시 북한은 인민군대를 이끌고 南下하고 있었다.

南	下								
남녘 남	아래 하								

南北 남북

- 단어풀이 : 남쪽과 북쪽을 아울러 이르는 말.
- 활용문장 : 그 마을 앞에는 南北을 가로지르는 냇물이 있다.

南	北								
남녘 남	북녘 북								

南門 남문

- 단어풀이 : 성이나 건축물 따위에서 남쪽으로 난 문.
- 활용문장 : 북문을 지나 시내를 가로질러 南門에 이르렀다.

南	門								
남녘 남	문 문								

▌상대자 : 南 ⇔ 北 / 남쪽(南)의 상대자는 북쪽(北)입니다.
▌상대어 : 南方 ⇔ 北方 / 남방(南方)의 상대어는 북방(北方)입니다.
　　　　　南韓 ⇔ 北韓 / 남한(南韓)의 상대어는 북한(北韓)입니다.
▌사자성어 : 南男北女 (남남북녀), 南西南北(동서남북), 南柯一夢 (남가일몽)

북녘 북 달아날 배	

부수 匕 (비수 비)   총획 5획

훈(뜻) : 북녘, 북쪽 또는 달아나다 라는 뜻입니다.

음(소리) : 북 또는 배라고 읽습니다.

간체자

• 北(běi)뻬이

北(북녘북)의 변천 과정을 살펴보고, 어떻게 만들어졌나 잘 읽어보세요.

| 갑골문 | ⇨ | 전서 | ⇨ | 예서 | ⇨ | 해서 |

北은 두 사람이 등지고 앉아 있는 모양[]으로. 사람은 해가 있는 남쪽을 향하니 등은 북쪽이 됨을 나타낸 글자로, '북녘', '달아나다' 라는 뜻으로 사용됩니다.

💡 필순에 따라 北을 바르게 써 보세요.

北	北				
북녘 북	丨 ㅓ ㅕ 圵 北				
北					

💡 다음 그림을 보고 문장의 (   )안에 알맞은 한자를 써 보세요.

임진각에서 북쪽(   )을 향해 세배를 드립니다.

기러기 떼가 북녘(   ) 하늘로 날아갔다.

💡 다음 거꾸로 된 글자의 훈[뜻]과 음[소리]을 써 보세요.

훈(뜻) :

음(소리) :

💡 다음 밑줄 친 한자의 음[소리]을 바르게 고쳐 쓰세요.

문 마을을 나와 北(복)쪽으로 가다 보면 해수욕장이 있다.
··· [   ]

💡 다음 중 밑줄 친 뜻에 맞는 한자를 골라 연결하세요.

> 사람은 먼 곳에서, 어떤 사람은 북쪽과 서쪽에서, 어떤 사람은 시님 땅에서 오리라 [이사야 49:12]

📖 北(북녘 북)이 쓰인 문장을 읽고, 한자어를 써 보세요.

入北
입북

- **단어풀이** : 북쪽이나 북한으로 들어감.
- **활용문장** : 정부 당국 몰래 入北한 사람이 구속되었다.

入	北								
들 입	북녘 북								

北方
북방

- **단어풀이** : 북쪽 지방.
- **활용문장** : 김 장군은 北方 오랑캐를 치기 위해 원정길에 올랐다.

北	方								
북녘 북	방위 방								

北韓
북한

- **단어풀이** : 대한민국의 휴전선 북쪽 지역을 가리키는 말.
- **활용문장** : 이번 대회에서 남한과 北韓의 선수단이 함께 입장하였다.

北	韓								
북녘 북	한국 한								

- 상대자 : 北 ⇔ 南 / 북쪽(北)의 상대자는 남쪽(南)입니다.
- 상대어 : 北方 ⇔ 南方 / 북방(北方)의 상대어는 남방(南方)입니다.
         北韓 ⇔ 南韓 / 북한(北韓)의 상대어는 남한(南韓)입니다.
- 사자성어 : 南男北女(남남북녀), 東西南北(동서남북)
- 모양이 비슷한 글자 : 北(북녘 북)과 比(견줄 비)

| 복습 복습 | 앞에서 배운 한자를 확실하게 익히자! |

1 다음 〈보기〉와 같이 한자의 뜻과 음을 쓰세요.

〈보기〉 月 → (달 월)
           ↑ ↑
           뜻 음

① 東 → (   )
② 西 → (   )
③ 南 → (   )
④ 北 → (   )

2 다음 〈보기〉와 같이 뜻과 음에 알맞은 한자를 쓰세요.

〈보기〉 달 월 → (月)

① 동녘 동 → (   )
② 서녘 서 → (   )
③ 남녘 남 → (   )
④ 북녘 북 → (   )

3 다음 뜻에 해당하는 한자를 쓰세요.

① 서쪽 → (   )   ② 남쪽 → (   )
③ 북쪽 → (   )   ④ 동쪽 → (   )

4 다음 한자어를 〈보기〉와 같이 독음하세요.

〈보기〉 一月 → (일 월)

① 東西 → (   )   ② 東南 → (   )
③ 南北 → (   )   ④ 西北 → (   )

5 다음 ( )안에 알맞은 한자를 〈보기〉에서 찾아 써 보세요.

〈보기〉 西 北 南 東

아침해가 떠오르다 나무걸린 동녘( )과
해저무니 둥지찾아 새가앉은 서녘( )와
나뭇가지 무성해서 사방뻗는 남녘( )에
추운지방 두사람이 등을댔네 북녘( )자

6 다음의 뜻·소리·한자를 서로 바르게 연결해 보세요.

7 다음 □안에 알맞은 한자를 써 보세요.

🔔 노래 부르며 한자를 익혀보세요.

활용곡 : 찬송가 306장 죽을 죄인 살려주신

🔔 성경에서 한자 찾아 읽기

> 아침마다 깨우치시되 나의 귀를 깨우치사 學자들 같이 알아듣게 하시도다
> [이사야 50 : 4]
>
> 모든 성경은 하나님의 감동으로 된 것으로 敎훈과 책망과 바르게 함과 의로 교육하기에 유익하니 [디모데후서 3:16]
>
> 폭풍우는 그 밀室에서 나오고 추위는 북풍을 타고 오느니라 [욥기 37:9]

 배울 학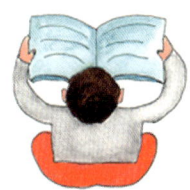

| 부수 | 子(아들 자) | 총획 | 16획 |

훈(뜻) : 배운다 라는 뜻입니다.
음(소리) : 학이라고 읽습니다.

간체자

• 学(xué)쉬웨

學(배울 학)의 변천 과정을 살펴보고 어떻게 만들어졌나 잘 읽어보세요.

갑골문		전서		예서		해서
𦥑	⇨	學	⇨	學	⇨	學

學덮여서[冖]몽매한 아이가[子] 두 손[臼]을 들어서 좋은 본[爻]을 받아 '배운다'[𦥑]는 뜻을 나타낸 글자입니다.

💡 필순에 따라 學을 바르게 써 보세요.

學 배울 학	學	ˊ ´ ʳ ʳ ʳ ʳ ʳ 臼 臼 臼 臼 臼 臼 與 學 學					
	學						

💡 다음 그림을 보고 문장의 ( )안에 알맞은 한자를 써 보세요.

나는 한자를 배우고(　　)　　　올해 학(　)교에 입학(　　)한
있습니다.　　　　　　　　　　막내는 모든 것이 신기한 모양이다.

💡 다음 거꾸로 된 글자의 훈[뜻]과 음[소리]을 써 보세요.

　　　훈(뜻) :

　　　　　　　　　　음(소리) :

💡 다음 밑줄 친 한자의 음[소리]을 바르게 고쳐 쓰세요.

　🔸 學(핵)교 앞에서 노란 햇병아리 두 마리를 사서 안고 집에 왔다.
　···[　　　　]

💡 다음 중 밑줄 친 뜻에 맞는 한자를 골라 연결하세요.

> 평생에 자기 옆에 두고 읽어 그의 하나님 여호와 경외하기를 <u>배우며</u>
> 이 율법의 모든 말과 이 규례를 지켜 행할 것이라 [신명기 17:19]

🌟 學(배울 학)이 쓰인 문장을 읽고, 한자어를 써 보세요.

學校
학교

단어풀이 : 교사가 계속적으로 학생에게 교육을 실시하는 기관.
활용문장 : 올해 學校에 입학한 막내는 새로 배우는 모든 것이 신기한 모양이다.

學	校								
배울 학	학교 교								

學生
학생

단어풀이 : 배우는 사람
활용문장 : 교실에는 공부하고 있는 學生이 스무 명 정도 있었다.

學	生								
배울 학	날 생								

大學
대학

단어풀이 : 최고급의 공공 교육 및 연구 기관.
활용문장 : 大學은 학문의 전당이다.

大	學								
큰 대	배울 학								

▌ 상대자 : 學 ⇔ 敎 / 배우다(學)의 상대자는 가르치다(敎)입니다.
▌ 상대어 : 學生 ⇔ 敎師 / 학생(學生)의 상대어는 교사(敎師)입니다.
▌ 사자성어 : 敎學相長(교학상장), 敎者反學(교자반학)
▌ 모양이 비슷한 글자 : 學(배울 학)과 覺(깨달을 각)

 학교 교

부수 木(나무 목)　총획 10획

훈(뜻) : 학교라는 뜻입니다.
음(소리) : 교라고 읽습니다.

간체자 校

• 校(jiào)찌아오

校(학교 교)의 변천 과정을 살펴보고, 어떻게 만들어졌나 잘 읽어보세요.

갑골문	전서	예서	해서
	⇨ 校	⇨ 校	⇨ 校

校는 구부러진 나무[木]를 바로잡아 곧게 해 주듯이 학교는 학생들이 서로 사귀며 [交] '바르게 교정하는 곳' 이란 뜻을 나타낸 글자로, '학교' 라는 뜻으로 사용됩니다.

💡 필순에 따라 校를 바르게 써 보세요.

一 十 十 才 木 木 术 栌 栌 校

학교 교

💡 다음 그림을 보고 문장의 ( ) 안에 알맞은 한자를 써 보세요.

올해 학교(   )에 입학한 막내는 모든 것이 신기한 모양이다.

교(   )문 앞에서 어머니가 기다리고 계셨습니다.

💡 다음 거꾸로 된 글자의 훈[뜻]과 음[소리]을 써 보세요.

훈(뜻) :

음(소리) :

💡 다음 밑줄 친 한자의 음[소리]을 바르게 고쳐 쓰세요.

문 학校(고) 공부가 얼마나 힘든지 큰애가 요즘 코피를 자주 흘린다.
·· [   ]

💡 다음 중 밑줄 친 뜻에 맞는 한자를 골라 연결하세요.

궁벽한 산골에서 태어난 나는 학교까지 10리 길을 매일 걸어서 통학하였다.

🍄 校(학교 교)가 쓰인 문장을 읽고, 한자어를 써 보세요.

學校 학교

단어풀이 : 교사가 계속적으로 학생에게 교육을 실시하는 기관.
활용문장 : 우리 學校는 올해 처음으로 1학년 신입생을 받았습니다.

學	校								
배울 학	학교 교								

校門 교문

단어풀이 : 학교의 정면에 있는, 주가 되는 출입문.
활용문장 : 校門에서 어머니가 우산을 들고 기다리고 계셨다.

校	門								
학교 교	문 문								

下校 하교

단어풀이 : 공부를 마치고 학교에서 집으로 돌아옴.
활용문장 : 나는 下校를 하는 길에 시장에 들러 어머니와 함께 집으로 갔다.

下	校								
아래 하	학교 교								

▮ 상대어 : 登校 ⇔ 下校 / 등교(登校)의 상대어는 하교(下校)입니다.
▮ 모양이 비슷한 글자 : 校(학교 교)와 技(견줄 교), 狡(교활할 교)
▮ 음이 같지만 뜻이 다른 글자 : 交(사귈 교), 敎(가르침 교)

 가르칠 교

부수 攵(칠 복)   총획 11획

훈(뜻) : 가르치다 라는 뜻입니다.
음(소리) : 교 라고 읽습니다.

간체자 教

• 教(jiāo)찌아오

敎(가르칠 교)의 변천 과정을 살펴보고, 어떻게 만들어졌나 잘 읽어보세요.

갑골문	전서	예서	해서
𣁱	𣁱	敎	敎

敎는 어린아이를 올바른 길로 인도하기[孝] 위하여 매를 때린다[攵]는 뜻을 나타낸 글자로, '가르치다' 라는 뜻으로 사용됩니다.

필순에 따라 敎를 바르게 써 보세요.

가르칠 교

ノ 乂 孑 耂 耂 孝 孝 㪺 㪺 敎 敎

💡 다음 그림을 보고 문장의 ( ) 안에 알맞은 한자를 써 보세요.

가정에서 교(   )육을 잘 받은
아이들이 대체로 인사성이 바르다.

교(   )실 흑판에는 숫자와 수학
기호가 빼곡이 들어차 있다.

💡 다음 거꾸로 된 글자의 훈[뜻]과 음[소리]을 써 보세요.

훈(뜻) :

음(소리) :

💡 다음 밑줄 친 한자의 음[소리]을 바르게 고쳐 쓰세요.

문 敎(고)생 선생님이 들어오자 떠들썩 하던 교실이 조용해졌다.
·· [   ]

💡 다음 중 밑줄 친 뜻에 맞는 한자를 골라 연결하세요.

너희 자녀들아 와서 내 말을 들으라 내가 여호와를 경외
하는 법을 너희에게 가르치리로다 [시편 34:11]

●

🔆 敎(가르칠 교)가 쓰인 문장을 읽고, 한자어를 써 보세요.

敎生
교 생

단어풀이 : 교육 과정의 실제 체험을 위하여 일선 학교에 나가 실습하는 학생.

활용문장 : 나는 敎生으로 온 선생님이 무척 마음에 들었다.

敎	生							
가르칠 교	날 생							

敎師
교 사

단어풀이 : 일정한 자격을 가지고 학생을 가르치는 사람.

활용문장 : 토론식 수업에서는 敎師도 학생의 일원으로서 참가하게 된다.

敎	師							
가르칠 교	스승 사							

敎訓
교 훈

단어풀이 : 가르치고 일깨움.

활용문장 : 스승님의 敎訓은 뜻밖에도 너무나 간단했다.

敎	訓							
가르칠 교	가르칠 훈							

▎ 상대자 : 敎 ⇔ 學 / 가르치다(敎)의 상대자는 배우다(學)입니다.
▎ 상대어 : 敎師 ⇔ 學生 / 교사(敎師)의 상대어는 학생(學生)입니다.
▎ 사자성어 : 敎學相長(교학상장), 敎者反學(교자반학)
▎ 모양이 비슷한 글자 : 學(배울 학)과 覺(깨달을 각)

 집 실

| 부수 | 宀(집 면) | 총획 | 9획 |

- 훈(뜻) : 집 또는 방이라는 뜻입니다.
- 음(소리) : 실이라고 읽습니다.

간체자

• 室(shì) 쓰

室(집 실)의 변천 과정을 살펴보고, 어떻게 만들어졌나 잘 읽어보세요.

| 갑골문 | ⇨ | 전서 | ⇨ | 예서 | ⇨ | 해서 |

室은 사람이 집[宀]에 이르러서[至] 쓰는 '방' 이라는 뜻을 나타낸 글자로, 또 집에만 있는 '아내' 또는 '집' 의 뜻으로도 쓰입니다.

💡 필순에 따라 室을 바르게 써 보세요.

室

| 집 실 | 丶 丶 宀 宀 宀 宀 宮 室 室 |

💡 다음 그림을 보고 문장의 (   )안에 알맞은 한자를 써 보세요.

수업 시간 종 치기 전에 어서
교실(   )로 들어가자.

거실(   )에서 TV를 보았습니다.

💡 다음 거꾸로 된 글자의 훈[뜻]과 음[소리]을 써 보세요.

훈(뜻) :

음(소리) :

💡 다음 밑줄 친 한자의 음[소리]을 바르게 고쳐 쓰세요.

📄 겨울 스포츠의 하나로 室(설)내 농구가 청소년들에게 큰 인기를 누리고 있다.
···[   ]

💡 다음 중 밑줄 친 뜻에 맞는 한자를 골라 연결하세요.

큰 돌 세 켜에 새 나무 한 켜를 놓으라 그 경비는 다
왕실에서 내리라 [에스라 6:4]

💡 室(집 실)이 쓰인 문장을 읽고, 한자어를 써 보세요.

王室
왕실

단어풀이 : 왕의 집안.
활용문장 : 왕비가 왕자를 생산하자 신하들은 모두 王室의 홍복이라며 기뻐하였다.

王	室								
임금 왕	집 실								

室內
실내

단어풀이 : 집 또는 건물의 안.
활용문장 : 우리 동네의 室內 수영장은 항상 만원이다.

室	內								
집 실	안 내								

敎室
교실

단어풀이 : 교육 기관에서, 학생들이 수업하는 방.
활용문장 : 토요일 내내 우리들은 敎室을 청소했다.

敎	室								
가르칠 교	집 실								

▌ 상대어 : 室內 ⇔ 室外 / 실내(室內)의 상대어는 실외(室外)입니다.

▌ 뜻은 같지만 모양이 다른 글자 : 室(집 실)과 家(집 가), 屋(집 옥),
　　　　　　　　　　　　　　堂(집 당), 宇(집 우), 宙(집 주), 宅(집 택)

복습 복습

앞에서 배운 한자를 확실하게 익히자!

1 다음 〈보기〉와 같이 한자의 뜻과 음을 쓰세요.

〈보기〉 月 → (달 월)
　　　　　　↑ ↑
　　　　　　뜻 음

① 學 → (　　　　　　　　)
② 校 → (　　　　　　　　)
③ 敎 → (　　　　　　　　)
④ 室 → (　　　　　　　　)

2 다음 〈보기〉와 같이 뜻과 음에 알맞은 한자를 쓰세요.

〈보기〉　달 월 → (月)

① 가르칠 교 → (　　　　　　　　)
② 집 실 → (　　　　　　　　)
③ 배울 학 → (　　　　　　　　)
④ 학교 교 → (　　　　　　　　)

3 다음 뜻에 해당하는 한자를 쓰세요.

① 배우다 → (　　　　)　② 가르치다 → (　　　)
③ 집 → (　　　　)　④ 학교 → (　　　)

4 다음 한자어를 〈보기〉와 같이 독음하세요.

〈보기〉　一月 → (일 월)

① 學校 → (　　　　　)　② 敎學 → (　　　　　)
③ 敎室 → (　　　　　)　④ 下校 → (　　　　　)

5 다음 ( )안에 알맞은 한자를 〈보기〉에서 찾아 써 보세요.

〈보기〉 校 室 學 敎

양손으로 책을들고 깨우치는 배울( )과
숲속에서 사귀면서 공부하는 학교( )는
올바른길 인도하려 회초리든 가르칠( )
하루종일 일을하고 편히쉴곳 집( )이라

6 다음의 뜻·소리·한자를 서로 바르게 연결해 보세요.

학교 ·   · 학   · 敎

배우다 ·   · 교   · 室

집 ·   · 교   · 學

가르치다 ·   · 실   · 校

7 다음 □안에 알맞은 한자를 써 보세요.

□ 生 　　 下 □ 　　 □ 師 　　 王 □
학 생　　　 하 교　　　 교 사　　　 왕 실

1주 | 노래

회초리로 엄한교육 존경하는 아버지( )
아이안고 젖먹이어 길러주신 어머니( )
아우들을 돌봐주고 타이르는 맏( )이니
활을메고 화살타며 노는아이 아우( )라

2주 | 노래

양손으로 책을들고 깨우치는 배울( )과
숲속에서 사귀면서 공부하는 학교( )는
올바른길 인도하려 회초리든 가르칠( )
하루종일 일을하고 편히쉴곳 집( )이라

3주 | 노래

아침해가 떠오르다 나무걸린 동녘( )과
해저무니 둥지찾아 새가앉은 서녘( )과
나뭇가지 무성해서 사방뻗는 남녘( )에
추운지방 두사람이 등을댔네 북녘( )자

1 뜻과 음을 큰 소리로 읽으면서 한자를 쓰세요.

뜻·음	한자
아버지 부	父
어머니 모	母
맏 형	兄
아우 제	弟
동녘 동	東
서녘 서	西
남녘 남	南
북녘 북	北
배울 학	學
학교 교	校
가르칠 교	敎
집 실	室

2 다음 뜻과 음에 해당하는 한자를 쓰세요.

① 동녘 동 → ☐   ② 서녘 서 → ☐

③ 남녘 남 → ☐   ④ 북녘 북 → ☐

⑤ 배울 학 → ☐   ⑥ 학교 교 → ☐

⑦ 가르칠 교 → ☐   ⑧ 집 실 → ☐

⑨ 아버지 부 → ☐   ⑩ 어머니 모 → ☐

3 다음 한자어의 독음을 쓰세요.

① 東西 ⇨ (   )   ② 兄弟 ⇨ (   )

③ 南北 ⇨ (   )   ④ 西北 ⇨ (   )

⑤ 學校 ⇨ (   )   ⑥ 南北 ⇨ (   )

⑦ 敎室 ⇨ (   )   ⑧ 父兄 ⇨ (   )

⑨ 父母 ⇨ (   )   ⑩ 母校 ⇨ (   )

4 다음 한자의 독음을 (   ) 안에 쓰세요.

❶ 여기에서 **北東**(   )방향으로 가면 마을이 보일 겁니다.

❷ 교실에는 공부하고 있는 **學生**(   )이 스무 명 정도 있었다.

❸ 올해 **學校**(   )에 입학한 막내는 모든 것이 신기한 모양이다.

❹ 토요일 내내 우리들은 **敎室**(   )을 청소했다.

❺ **父母**(   )님의 은혜는 하늘보다 높고 바다보다 깊다.

❻ 저는 다섯 **兄弟**(   )중의 장남입니다.

❼ 멀리 고속 도로가 **東西**(   )로 시원하게 뚫려 있다.

❽ 십년 만에 **南北**(   )이산가족 상봉 행사가 열렸다.

❾ 동창회에서는 **母校**(   )에 장학금을 전달하였다.

❿ 나는 이번에 온 **敎生**(   )선생님이 너무 마음에 들었다.

5 다음 한자의 뜻과 음을 쓰세요.

❶ 東 → 　　　　❷ 敎 →

❸ 西 → 　　　　❹ 室 →

❺ 南 → 　　　　❻ 母 →

❼ 北 → 　　　　❽ 弟 →

❾ 學 → 　　　　❿ 校 →

6 다음 밑줄 친 한자어를 한자로 쓰세요.

❶ 이 누각은 <u>동남</u>으로는 구룡 평야를 바라보는 곳이다.
　　　　　（　　　　）

❷ 태백산맥을 경계로 하여 지역이 <u>동서</u>로 나뉜다.
　　　　　　　　　　　　（　　　　）

❸ 그 마을 앞에는 <u>남북</u>을 가로지르는 냇물이 있다.
　　　　　　（　　　　）

❹ 나도 드디어 <u>대학생</u>이 되었다.
　　　　　（　　　　）

❺ 우리는 해마다 <u>모교</u>를 방문하기로 약속하였다.
　　　　　　（　　　　）

❻ 이번에 오신 <u>교생</u> 선생님은 음악이 전공이라고 했다.
　　　　　（　　　　）

❼ 우리 <u>부녀</u>가 함께 미술 전시회를 열었습니다.
　　　（　　　　）

❽ 그들은 <u>모녀</u>가 아니라 마치 자매처럼 보인다.
　　　　（　　　　）

❾ 시골에 계신 <u>부형</u>의 기대에 보답하기 위해서라도 열심히 공부해야지.
　　　　　（　　　　）

❿ 왕의 아우를 <u>왕제</u>라 한다.
　　　　　（　　　　）

⓫ 시험을 끝낸 <u>학생</u>들이 삼삼오오 모여들기 시작했다.
　　　　　　（　　　　）

⓬ 홍경래의 난은 우리나라 <u>서북</u> 지방에서 일어난 농민 항거 운동이었다.
　　　　　　　　　　（　　　　）

7 다음 ( )안에 알맞은 한자의 번호를 〈보기〉에서 찾아 쓰세요.

보기	①兄	②東	③學	④父	⑤南	⑥敎
	⑦西	⑧校	⑨弟	⑩北	⑪室	⑫母

아침해가 떠오르다 나무걸린 동녘( )과
해저무니 둥지찾아 새가앉은 서녘( )와
나뭇가지 무성해서 사방뻗는 남녘( )에
추운지방 두사람이 등을댔네 북녘( )자

양손으로 책을들고 깨우치는 배울( )과
숲속에서 사귀면서 공부하는 학교( )는
올바른길 인도하려 회초리든 가르칠( )
하루종일 일을하고 편히쉴곳 집( )이라

회초리로 엄한교육 존경하는 아버지( )
아이안고 젖먹이어 길러주신 어머니( )
아우들을 돌봐주고 타이르는 맏( )이니
활을메고 화살타며 노는아이 아우( )라

🌟 노래 부르며 한자를 익혀보세요.

활용곡 : 찬송가 515장(통256) 눈을 들어 하늘 보라

🌟 성경에서 한자 찾아 읽기

열國이여 너희는 나아와 들을지어다 民족들이여 귀를 기울일지어다 땅과 땅에 충만한 것, 세계와 세계에서 나는 모든 것이여 들을지어다   [이사야 34:1]

너희는 나에게 거룩할지어다 이는 나 여호와가 거룩하고 내가 또 너희를 나의 소유로 삼으려고 너희를 萬民 중에서 구별 하였음이니라   [레위기 20:26]

 한국 한

| 부수 | 韋(가죽 위) | 총획 | 17획 |

간체자 **韩**

- 韩(Hán)한

훈(뜻) : 한국 또는 나라이름이라는 뜻입니다.
음(소리) : 한이라고 읽습니다.

韓(한국 한)의 변천 과정을 살펴보고, 어떻게 만들어졌나 잘 읽어보세요.

갑골문		전서		예서		해서
	⇨	韓	⇨	韓	⇨	韓

韓은 아침 햇빛[卓]을 받아서 아름답게[韋] 빛난다는 뜻을 나타낸 글자로, 우리나라 '한국', '나라이름' 이라는 뜻으로 사용됩니다.

필순에 따라 韓을 바르게 써 보세요.

韓 한국 한	韓	一 十 十 古 古 古 卓 卓 卓' 軠 軠 軠 韓 韓 韓			
	韓				

💡 다음 그림을 보고 문장의 ( ) 안에 알맞은 한자를 써 보세요.

독도는 영원히
한국( )의 영토이다.

나는 자랑스런
한국( )인입니다.

💡 다음 거꾸로 된 글자의 훈[뜻]과 음[소리]을 써 보세요.

훈(뜻) :

음(소리) :

💡 다음 밑줄 친 한자의 음[소리]을 바르게 고쳐 쓰세요.

문 최근 인터넷을 통해 韓(힌)국을 외국에 알리는 사이트가 증가 하고 있다.
···[   ]

💡 다음 중 밑줄 친 뜻에 맞는 한자를 골라 연결하세요.

> 한국은 아시아 대륙 동북부의 한반도에 위치하고 있는 민주공화국이다.

🎓 韓(한국 한)이 쓰인 문장을 읽고, 한자어를 써 보세요.

南韓
남 한

단위풀이 : 해방 후, 삼팔선 이남의 한국.
활용문장 : 고구려 유적이 한강 변 南韓 지역에서 발견되었다.

南	韓							
남녘 남	한국 한							

北韓
북 한

단위풀이 : 휴전선 북쪽 지역을 가리키는 말.
활용문장 : 우리가 먼저 北韓에 비료를 제공해 주겠다고 제안을 했다.

北	韓							
북녘 북	한국 한							

韓國
한 국

단위풀이 : 아시아 대륙 동북부의 한반도에 위치하고 있는 민주 공화국.
활용문장 : 나는 누구보다도 나의 조국 韓國을 사랑한다.

韓	國							
한국 한	나라 국							

▌모양이 비슷한 글자 : 韓(한국 한)과 幹(줄기 간)
▌음이 같지만 뜻이 다른 글자 : 韓(한국 한)과 漢(한수 한)

國 나라 국

| 부수 | 囗(에울 위) | 총획 | 11획 |

- 훈(뜻): 나라라는 뜻입니다.
- 음(소리): 국이라고 읽습니다.

간체자

• 国(guó)꾸어

國(나라 국)의 변천 과정을 살펴보고, 어떻게 만들어졌나 잘 읽어보세요.

갑골문 ⇒ 전서 ⇒ 예서 ⇒ 해서

國은 '어느 지역에 사는 백성[口]들을 안전하게 지켜주고[戈] 성을 둘러쳐[囗] 세운 나라' 라는 뜻을 나타낸 글자입니다.

필순에 따라 國을 바르게 써 보세요.

| 國 나라 국 | 國　丨 冂 冂 冋 冋 冋 國 國 國 國 |

💡 다음 그림을 보고 문장의 ( ) 안에 알맞은 한자를 써 보세요.

나라(   )의 역사를 바로
아는 것은 국민의 기본이다.

우리나라의 국(   )
화는 무궁화 입니다.

💡 다음 거꾸로 된 글자의 훈[뜻]과 음[소리]을 써 보세요.

훈(뜻) :

음(소리) :

💡 다음 밑줄 친 한자의 음[소리]을 바르게 고쳐 쓰세요.

문 안중근 의사는 자신의 이름 앞에 대한國(곡)인이라고 쓰고 있다.

···[   ]

💡 다음 중 밑줄 친 뜻에 맞는 한자를 골라 연결하세요.

이들은 셈의 자손이니 그 족속과 언어와 지방과 <u>나라</u>
대로였더라 [창세기 10:31]

💡 國(나라 국)이 쓰인 문장을 읽고, 한자어를 써 보세요.

母國
모 국

단어풀이 : 자기가 태어난 나라를 이르는 말.
활용문장 : 어려서 외국으로 입양된 찬호는 母國을 방문할 기회를 기다려 왔다.

母	國								
어머니 모	나라 국								

國土
국 토

단어풀이 : 나라의 영토.
활용문장 : 독도는 역사적으로나 사회적으로나 우리의 國土임이 확실하다.

國	土								
나라 국	흙 토								

王國
왕 국

단어풀이 : 왕이 다스리는 군주제의 나라.
활용문장 : 예수가 재림하여 천 년 동안 다스릴 천년王國에 대해 설교를 들었다.

王	國								
임금 왕	나라 국								

▌모양이 비슷한 글자 : 國(나라 국)과 或(혹 혹)
▌음이 같지만 뜻이 다른 글자 : 國(나라 국)과 局(판 국)
▌사자성어 : 傾國之色(경국지색)

 일만 만

부수   ⺿ (풀 초)   총획   13획

훈(뜻) : 일만 또는 많다 라는 뜻입니다.
음(소리) : 만 이라고 읽습니다.

간체자   万

•万(wàn)완

萬(일만 만)의 변천 과정을 살펴보고, 어떻게 만들어졌나 잘 읽어보세요.

갑골문		전서		예서		해서
	⇨		⇨		⇨	萬

萬은 전갈의 모양 []을 그려서 전갈의 발처럼 '많다' 의 뜻을 나타낸 글자로, '일만' 이라는 뜻으로 사용됩니다.

💡 필순에 따라 萬을 바르게 써 보세요.

萬	萬					
일만 만	`丶 一 艹 艹 艹 苗 苗 草 萬 萬 萬 萬`					
萬						

💡 다음 그림을 보고 문장의 (　) 안에 알맞은 한자를 써 보세요.

여기 모인 사람은 대략
만(　　) 명 정도는 될 것이다.

버스카드에 만(　　)원을
충전 하였습니다.

💡 다음 거꾸로 된 글자의 훈[뜻]과 음[소리]을 써 보세요.

훈(뜻) :

음(소리) :

💡 다음 밑줄 친 한자의 음[소리]을 바르게 고쳐 쓰세요.

문 이번 집회 참가자를 경찰은 약 삼萬(먼) 명이라고 발표했다.
　　　　　　　　　　　　　　　　　　　　　　　　　　　　[　　　　]

💡 다음 중 밑줄 친 뜻에 맞는 한자를 골라 연결하세요.

> 내가 은 일만 달란트를 왕의 일을 맡은 자의 손에 맡겨
> 왕의 금고에 드리리이다 하니 [에스더 3:9b]

•

🌟 萬(일만 만)이 쓰인 문장을 읽고, 한자어를 써 보세요.

萬人 만인

- 단어풀이 : 매우 많은 사람. 또는 모든 사람.
- 활용문장 : 정치를 위한 정치가 아니라 萬人을 위한 정치가 되어야 한다.

萬	人						
일만 만	사람 인						

萬國 만국

- 단어풀이 : 세계의 모든 나라.
- 활용문장 : 대한제국의 고종 황제는 파리 萬國 평화 회의에 이준과 이상설 등을 파견하였다.

萬	國						
일만 만	나라 국						

十萬 십만

- 단어풀이 : '만(萬)'의 열 배가 되는 수.
- 활용문장 : 조선 선조 때 율곡 이이는 十萬 양병설을 주장하였다.

十	萬						
열 십	일만 만						

- 사자성어 : 千差萬別(천차만별), 千辛萬苦(천신만고), 千萬多幸(천만다행), 萬壽無疆(만수무강), 千態萬象(천태만상), 一波萬波(일파만파)
- 모양이 비슷한 글자 : 萬(일만 만)과 禺(긴 꼬리 원숭이 우)

 백성 민

부수 氏(각시 씨)　총획 5획

훈(뜻): 백성이라는 뜻입니다.
음(소리): 민이라고 읽습니다.

간체자

• 民(mín) 민

民(백성 민)의 변천 과정을 살펴보고, 어떻게 만들어졌나 잘 읽어보세요.

갑골문		전서		예서		해서
	⇨	民	⇨	民	⇨	民

民은 동쪽의 뿌리를 박고 있는 개개인[氏]을 모두 덮었다[ㄱ]는 뜻을 나타낸 글자로, '백성'이라는 뜻으로 사용됩니다.

💡 필순에 따라 民을 바르게 써 보세요.

백성 민

民

一 コ ア 尸 民

💡 다음 그림을 보고 문장의 (　) 안에 알맞은 한자를 써 보세요.

백성(　　)들이 독립 만세를 외쳤습니다.

육이오 전쟁은 우리 민(　　)족을 둘로 갈라놓았다.

💡 다음 거꾸로 된 글자의 훈[뜻]과 음[소리]을 써보세요.

훈(뜻) :

음(소리) :

💡 다음 밑줄 친 한자의 음[소리]을 바르게 고쳐 쓰세요.

문 民(만)족 고유의 명절인 추석이 하루 앞으로 다가왔습니다.
···[　　　　]

💡 다음 중 밑줄 친 뜻에 맞는 한자를 골라 연결하세요.

이들로부터 여러 나라 백성으로 나뉘어서 각기 언어와
종족과 나라대로 바닷가의 땅에 머물렀더라 [창세기 10:5]

•

🎓 民(백성 민)이 쓰인 문장을 읽고, 한자어를 써 보세요.

國民
국 민

단어풀이 : 한 나라의 통치권 아래에 있는 사람.
활용문장 : 월드컵 경기를 치르면서 우리 國民이 이토록 하나 된 적이 있었던가 생각했다.

國	民						
나라 국	백성 민						

人民
인 민

단어풀이 : 국가와 사회를 구성하고 있는 사람들.
활용문장 : 정부 대표단은 최고 人民 회의 의장 주최 만찬에 초대되었다.

人	民						
사람 인	백성 민						

生民
생 민

단어풀이 : 살아가는 일반 인민.
활용문장 : 임금이 암행어사를 보내는 것은 生民을 보호하기 위해서였다.

生	民						
날 생	백성 민						

▎모양이 비슷한 글자 : 民(백성 민)과 氏(각시 씨)

복습 복습

앞에서 배운 한자를 확실하게 익히자!

1 다음 <보기>와 같이 한자의 뜻과 음을 쓰세요.

<보기> 月 → (달 월)
         ↑ ↑
         뜻 음

① 韓 → (   )
② 國 → (   )
③ 萬 → (   )
④ 民 → (   )

2 다음 <보기>와 같이 뜻과 음에 알맞은 한자를 쓰세요.

<보기> 달 월 → (月)

① 일만 만 → (   )
② 백성 민 → (   )
③ 한국 한 → (   )
④ 나라 국 → (   )

3 다음 뜻에 해당하는 한자를 쓰세요.

① 나라 → (   )   ② 한국 → (   )
③ 백성 → (   )   ④ 일만 → (   )

4 다음 한자어를 <보기>와 같이 독음하세요.

<보기> 一月 → (일 월)

① 韓國 → (   )   ② 國民 → (   )
③ 萬民 → (   )   ④ 南韓 → (   )

5 다음 (   )안에 알맞은 한자를 〈보기〉에서 찾아 써 보세요.

〈보기〉 萬 韓 民 國

아름답게 해가돋아 빛이나는 한국(   )은
백성들이 안전하게 살아가는 나라(   )자
꼬리번쩍 전갈모양 발이많아 일만(   )자
뿌리같은 개개인을 모두덮은 백성(   )자

6 다음의 뜻·소리·한자를 서로 바르게 연결해 보세요.

한국 ·   · 만 ·   · 萬

나라 ·   · 민 ·   · 民

일만 ·   · 한 ·   · 韓

백성 ·   · 국 ·   · 國

7 다음 □안에 알맞은 한자를 써 보세요.

大 [ ]   母 [ ]   [ ] 人   生 [ ]
대 한   모 국   만 인   생 민

81

🎵 노래 부르며 한자를 익혀보세요.

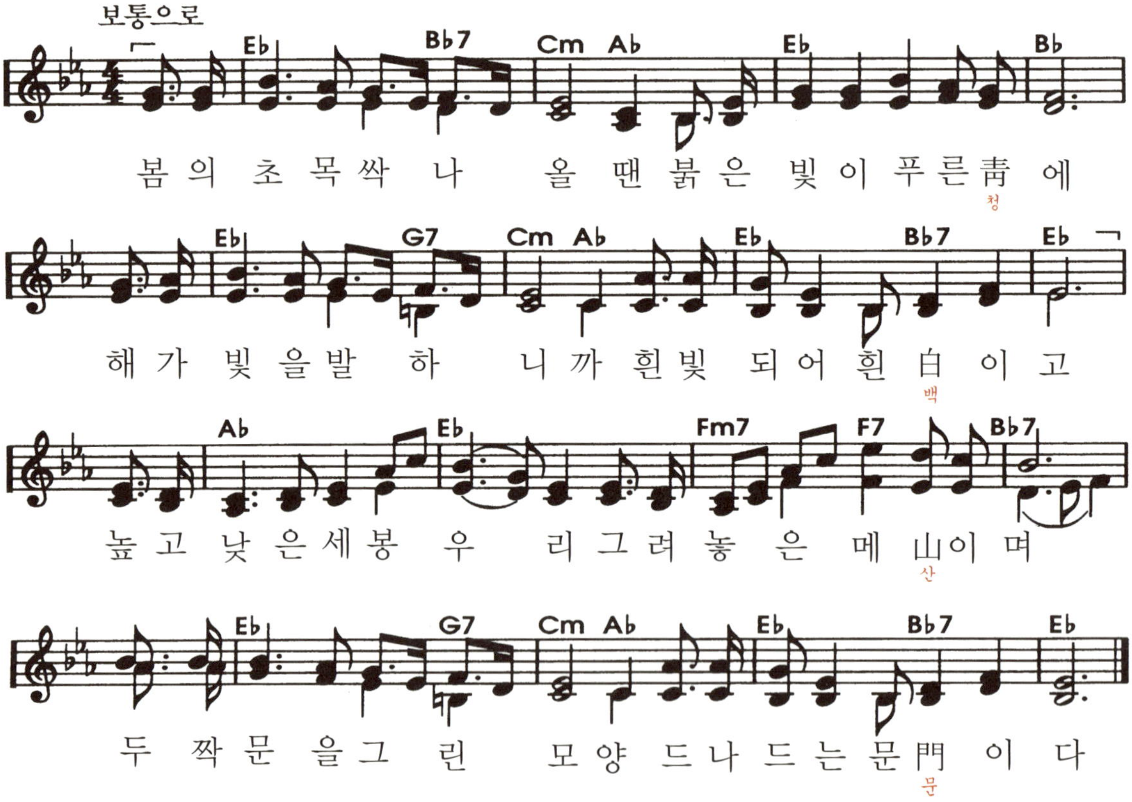

봄의 초목 싹 나 올 땐 붉은 빛이 푸른 靑에
해가 빛을 발 하 니까 흰빛 되어 흰 白 이고
높고 낮은 세 봉 우 리 그려 놓은 메 山 이며
두 짝 문을 그린 모양 드나드는 문 門 이다

활용곡 : 찬송가 515장(통256) 눈을 들어 하늘 보라

🎵 성경에서 한자 찾아 읽기

- 여호와께서 그의 구원을 알게 하시며 그의 공의를 뭇 나라의 목전에서 명白히 나타내셨도다 [시편 98:2]
- 물이 땅에 더욱 넘치매 천하의 높은 山이 다 잠겼더니 [창세기 7:19]
- 그는 늙어도 여전히 결실하며 진액이 풍족하고 빛이 靑靑하니 [시편 92:14]
- 롯이 門 밖의 무리에게로 나가서 뒤로 門을 닫고 [창세기 19:6]

 푸를 청

부수 青(푸를 청)   총획 8획

훈(뜻): 푸르다 라는 뜻입니다.
음(소리): 청 이라고 읽습니다.

간체자 青

• 青 (qīng) 칭

青(푸를 청)의 변천 과정을 살펴보고, 어떻게 만들어졌나 잘 읽어보세요.

青은 초목의 싹이 나올 때[生]는 붉은[丹] 빛을 띠지만 자라면서 푸르다[靑]는 뜻을 나타낸 글자입니다.

 필순에 따라 青을 바르게 써 보세요.

青 푸를 청

一 十 キ 主 丰 青 青 青

83

💡 다음 그림을 보고 문장의 (　)안에 알맞은 한자를 써 보세요.

푸른(　　) 대나무 숲을 걸었습니다.

나는 파란(　　) 가을 하늘과 붉은 단풍을 스케치북에 그렸다.

💡 다음 거꾸로 된 글자의 훈[뜻]과 음[소리]을 써 보세요.

훈(뜻) :

음(소리) :

💡 다음 밑줄 친 한자의 음[소리]을 바르게 고쳐 쓰세요.

문 靑(정)팀 선수들은 모두 파란 머리띠를 두르고 그 위에 모자를 썼다.
···[　　　　]

💡 다음 중 밑줄 친 뜻에 맞는 한자를 골라 연결하세요.

그가 나를 푸른 풀밭에 누이시며 쉴 만한 물 가로 인도 하시는도다 [시편 23:2]

•

📖 靑(푸를 청)이 쓰인 문장을 읽고, 한자어를 써 보세요.

靑山
청산

- 단어풀이 : 풀과 나무가 무성한 푸른 산.
- 활용문장 : 나는 자연과 늘 함께하는 靑山에서 살고 싶다.

靑	山						
푸를 청	메 산						

靑軍
청군

- 단어풀이 : 운동 경기 등에서, 청과 백, 혹은 청과 홍으로 편을 갈랐을 때의 청 쪽 편.
- 활용문장 : 靑軍이 힘차게 응원전을 펼쳤다.

靑	軍						
푸를 청	군사 군						

靑年
청년

- 단어풀이 : 신체적으로나 정신적으로 한창 힘이 넘치는 시기에 있는 사람.
- 활용문장 : 그녀는 서울에서 대학을 마친 한 靑年과 결혼하였다.

靑	年						
푸를 청	해 년						

▌사자성어 : 靑出於藍(청출어람), 靑天霹靂(청천벽력)
　　　　　　靑山流水(청산유수), 靑天白日(청천백일) 獨也靑靑(독야청청)
▌음이 같지만 뜻이 다른 글자 : 靑(푸를 청)과 淸(맑을 청)

 흰 백

부수 白(흰 백)   총획 5획

간체자

훈(뜻) : 희다 또는 아뢰다라는 뜻입니다.

음(소리) : 백이라고 읽습니다.

• 白(bái)빠이

白(흰백)의 변천 과정을 살펴보고, 어떻게 만들어졌나 잘 읽어보세요.

갑골문		전서		예서		해서
	⇨		⇨		⇨	

白은 해[日]가 빛을 발하여[ノ] 흰 빛[白]이라는 뜻을 나타낸 글자로, '희다', '아뢰다' 라는 뜻으로 사용됩니다.

💡 필순에 따라 白을 바르게 써 보세요.

흰 백

 ノ 亻 白 白 白

💡 다음 그림을 보고 문장의 (   ) 안에 알맞은 한자를 써 보세요.

우리 민족은 백(   )의 민족입니다.

희고(   ) 탐스러운 함박눈이 펑펑 쏟아지고 있다.

💡 다음 거꾸로 된 글자의 훈[뜻]과 음[소리]을 써 보세요.

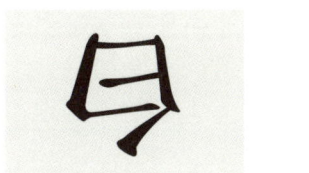

훈(뜻) :

음(소리) :

💡 다음 밑줄 친 한자의 음[소리]을 바르게 고쳐 쓰세요.

문 바둑은 흑이 먼저 두고 白(박)이 나중에 둔다.
....[   ]

💡 다음 중 밑줄 친 뜻에 맞는 한자를 골라 연결하세요.

●야곱이 버드나무와 살구나무와 신풍나무의 푸른 가지를 가져다가 그것들의 껍질을 벗겨 흰 무늬를 내고 [창세기 30:37]

💡 白(흰 백)이 쓰인 문장을 읽고, 한자어를 써 보세요.

白人
백 인

단어풀이: 백색 인종에 속한 사람.
활용문장: 白人이나 유색인이나 똑같이 귀중한 사람이다.

白	人								
흰 백	사람 인								

白金
백 금

단어풀이: 은백색의 귀금속 원소.
활용문장: 아내의 생일에 白金 목걸이를 선물했다.

白	金								
흰 백	쇠 금								

白軍
백 군

단어풀이: 경기나 게임 등에서, 백과 청으로 편을 나눌 때 백 쪽의 편.
활용문장: 운동회가 시작되자 청군과 白軍 응원단은 목이 터져라 응원을 하기 시작했다.

白	軍								
흰 백	군사 군								

▌반대자 : 白 ⇔ 黑 희다(白)의 반대자는 검다(黑)입니다.
▌사자성어 : 白面書生(백면서생), 白衣民族(백의민족) 白手乾達(백수건달),
　　　　　　紅東白西(홍동백서), 靑天白日(청천백일), 白髮老人(백발노인)
▌음이 같고 모양이 비슷한 한자 : 白(흰 백) - 百(일백 백)

 메 산

부수 山(메 산)   총획 3획

훈(뜻) : 메 또는 산이라는 뜻입니다.
음(소리) : 산이라고 읽습니다.

간체자

• 山(shān)싼

山(메 산)의 변천 과정을 살펴보고, 어떻게 만들어졌나 잘 읽어보세요.

갑골문	⇨	전서	⇨	예서	⇨	해서
⛰		山		山		山

山은 지평선 위에 솟아 있는 세 개의 산봉우리 모양[⛰]을 본뜬 글자로, '산', '메' 라는 뜻으로 사용됩니다.

💡 필순에 따라 山을 바르게 써 보세요.

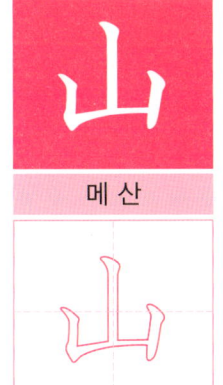

메 산

｜ 山 山

🔦 다음 그림을 보고 문장의 (　) 안에 알맞은 한자를 써 보세요.

노란 개나리꽃이 온 산(　　)을 덮고 있습니다.

어제는 한라산(　　)에 올랐습니다.

🔦 다음 거꾸로 된 글자의 훈[뜻]과 음[소리]을 써 보세요.

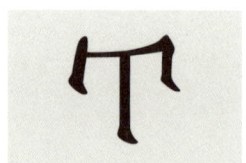

훈(뜻) :

음(소리) :

🔦 다음 밑줄 친 한자의 음[소리]을 바르게 고쳐 쓰세요.

문 노란 개나리꽃이 온 山(선)을 덮고 있다.
···[　　　]

🔦 다음 중 밑줄 친 뜻에 맞는 한자를 골라 연결하세요.

> 물이 점점 줄어들어 열째 달 곧 그 달 초하룻날에 산들의 봉우리가 보였더라 [창세기 8:5]

•

🌟 山(메 산)이 쓰인 문장을 읽고, 한자어를 완성해 보세요.

山水
산 수

단어풀이 : 산과 물, 즉 자연의 경치를 이르는 말.
활용문장 : 우리나라 山水는 아름답기로 유명합니다.

山	水								
메 산	물 수								

下山
하 산

단어풀이 : 산에서 내려감.
활용문장 : 겨울에는 등산을 할 때보다 下山할 때가 더 위험하다.

下	山								
아래 하	메 산								

土山
토 산

단어풀이 : 흙으로만 이루어진 산.
활용문장 : 비만 오면 土山의 흙이 흘러내린다.

土	山								
흙 토	메 산								

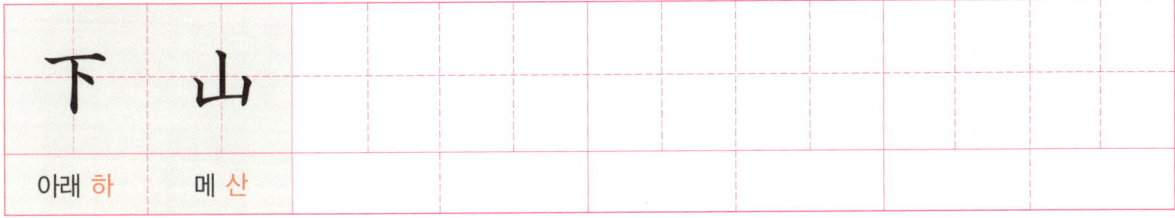

- 상대자 : 山⇔川 / 山(뫼 산)의 상대자는 川(내 천)입니다.
  山⇔江 / 山(뫼 산)의 상대자는 江(강 강)입니다.
- 반대어 : 登山 ⇔ 下山 / 등산(登山) 의 반대어는 하산(下山)입니다.
- 사자성어 : 走馬看山(주마간산), 錦繡江山(금수강산), 山戰水戰(산전수전)

 문 문

| 부수 | 門(문 문) | 총획 | 8획 |

훈(뜻) : 문이라는 뜻입니다.
음(소리) : 문이라고 읽습니다.

간체자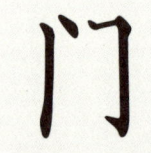

• 门(mén)먼

門(문 문)의 변천 과정을 살펴보고, 어떻게 만들어졌나 잘 읽어보세요.

갑골문		전서		예서		해서
日日	⇨	門	⇨	기크	⇨	門

門은 두 개의 문짝을 달아 놓은 모양[門]을 본뜬 글자로, '문'이라는 뜻으로 사용됩니다.

필순에 따라 門을 바르게 써 보세요.

門
문 문

丨 冂 冂 冃 冎 門 門 門

💡 다음 그림을 보고 문장의 ( ) 안에 알맞은 한자를 써 보세요.

학교 문( )을 나서는데
갑자기 폭우가 쏟아졌다.

우리나라 국보 1호는
숭례문( ) 입니다.

💡 다음 거꾸로 된 글자의 훈[뜻]과 음[소리]을 써 보세요.

훈(뜻) :

음(소리) :

💡 다음 밑줄 친 한자의 음[소리]을 바르게 고쳐 쓰세요.

문 그녀는 門(먼)을 열고 밖을 내다보았다.
···[   ]

💡 다음 중 밑줄 친 뜻에 맞는 한자를 골라 연결하세요.

> 문 밖의 무리를 대소를 막론하고 그 눈을 어둡게 하니
> 그들이 문 을 찾느라고 헤매었더라 [창세기 19 : 11]

•

🔍 門(문 문)이 쓰인 문장을 읽고, 한자어를 써 보세요.

門中
문 중

단어풀이 : 성과 본이 같은 가까운 집안.
활용문장 : 그는 門中 회의에 자손들을 데리고 참석했다.

門	中								
문 문	가운데 중								

大門
대 문

단어풀이 : 커다란 문.
활용문장 : 밤늦게 돌아온 나는 식구들이 깰까 봐 大門을 가만히 열었다.

大	門								
큰 대	문 문								

門人
문 인

단어풀이 : 이름난 학자의 제자.
활용문장 : 할아버지는 퇴계 이황의 門人이라는 자부심이 대단하셨다.

門	人								
문 문	사람 인								

▸사자성어 : 門前成市(문전성시), 門前沃畓(문전옥답)
　　　　　　杜門不出(두문불출), 權門勢家(권문세가)

▸음이 같지만 뜻이 다른 글자 : 門(문 문)과 文(글월 문), 問(물을 문), 聞(들을 문)

| 복습 복습 | 앞에서 배운 한자를 확실하게 익히자! |

1 다음 〈보기〉와 같이 한자의 뜻과 음을 쓰세요.

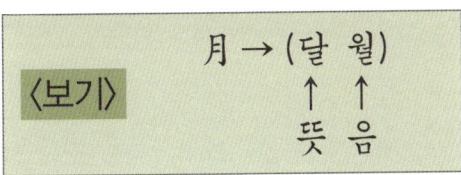

① 靑 →(　　　　　)
② 白 →(　　　　　)
③ 山 →(　　　　　)
④ 門 →(　　　　　)

2 다음 〈보기〉와 같이 뜻과 음에 알맞은 한자를 쓰세요.

〈보기〉　달 월→（月）

① 푸를 청 →(　　　　　)
② 흰 백 →(　　　　　)
③ 뫼 산 →(　　　　　)
④ 문 문 →(　　　　　)

3 다음 뜻에 해당하는 한자를 쓰세요.

① 푸르다 →(　　　　)　② 산→(　　　　)
③ 희다 →(　　　　)　④ 문→(　　　　)

4 다음 한자어를 〈보기〉와 같이 독음하세요.

〈보기〉　一月 →（일월）

① 靑山→(　　　　)　② 靑白→(　　　　)
③ 山門→(　　　　)　④ 白山→(　　　　)

5 다음 ( )안에 알맞은 한자를 <보기>에서 찾아 써 보세요.

<보기> 白 門 山 靑

봄의초목 싹나올땐 붉은빛이 푸를 ( )에
해가빛을 발하니까 흰빛되어 흰 ( )이고
높고낮은 세봉우리 그려놓은 메 ( )이며
두짝문을 그린모양 드나드는 문 ( )이다

6 다음의 뜻·소리·한자를 서로 바르게 연결해 보세요.

푸르다 ·   · 백 ·   · 門

희다 ·   · 청 ·   · 山

메 ·   · 문 ·   · 白

문 ·   · 산 ·   · 靑

7 다음 □안에 알맞은 한자를 써 보세요.

청 군   백 의   산 수   문 중

노래 부르며 한자를 익혀보세요.

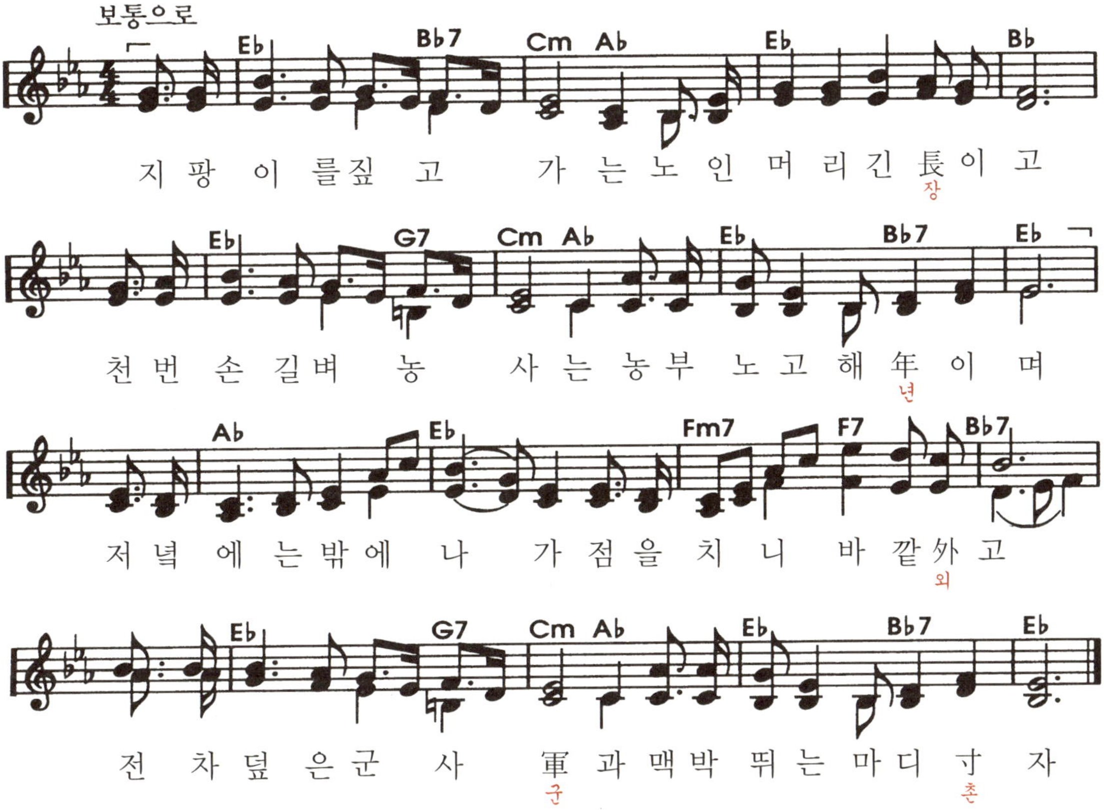

지팡이를 짚고 가는 노인 머리 긴 長이고
천 번 손 길 벼 농사는 농부 노고해 年이며
저녁에는 밖에 나가 점을 치니 바깥 外고
전차 덮은 군사 軍과 맥박 뛰는 마디 寸자

활용곡 : 찬송가 515장(통256) 눈을 들어 하늘 보라

성경에서 한자 찾아 읽기

에서가 이르되 내가 죽게 되었으니 이 長자의 명분이 내게 무엇이 유익하리요 [창세기 25:32]

일 年 육 개월을 머물며 그들 가운데서 하나님의 말씀을 가르치니라 [사도행전 18:11]

구원하는 데에 軍마는 헛되며 軍대가 많다 하여도 능히 구하지 못하는도다 [시편 33:17]

 긴 장

부수 長(긴 장)　총획 8획

훈(뜻) : 길다 또는 어른이라는 뜻입니다.

음(소리) : 장이라고 읽습니다.

간체자

• 长 (cháng)챵
　(zhǎng)쟝

長(길 장)의 변천 과정을 살펴보고, 어떻게 만들어졌나 잘 읽어보세요.

갑골문		전서		예서		해서
𠂤	⇨	镸	⇨	長	⇨	長

長은 등[ヽ]이 굽어서 지팡이[ㄴ]를 짚고 걸어가는 노인의 긴 머리[ㅌ]를 나타낸 글자로, '길다', '어른' 이라는 뜻으로 사용됩니다.

💡 필순에 따라 長을 바르게 써 보세요.

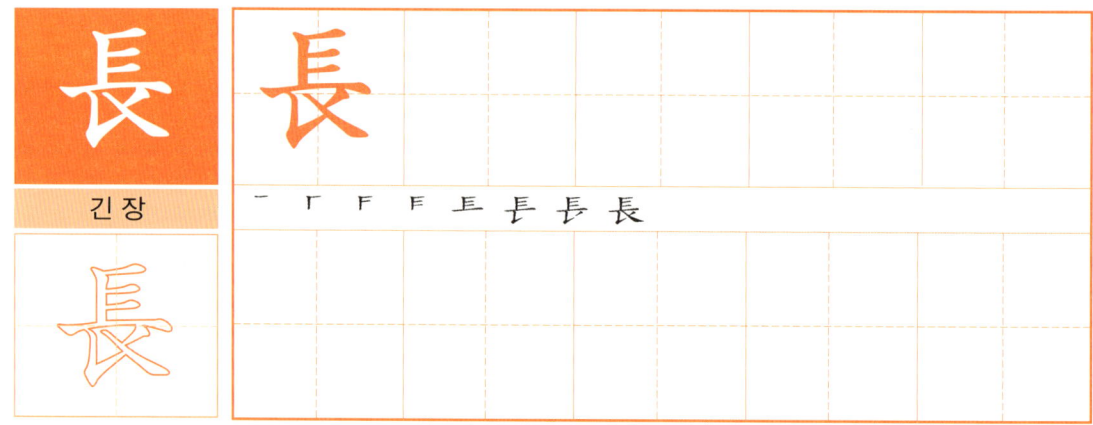

긴 장

🔆 다음 그림을 보고 문장의 (　) 안에 알맞은 한자를 써 보세요.

마을로 들어가는 어귀에는
자갈이 길게(　　) 깔려 있다.

아버지는 우리학교
교(　　)장 선생님입니다.

🔆 다음 거꾸로 된 글자의 훈[뜻]과 음[소리]을 써보세요.

훈(뜻) :

음(소리) :

🔆 다음 밑줄 친 한자의 음[소리]을 바르게 고쳐 쓰세요.

문 아버지는 초등학교 교長(정) 선생님이시다.
……………………………………………………[　　　　]

🔆 다음 중 밑줄 친 뜻에 맞는 한자를 골라 연결하세요.

만일 남자에게 긴 머리가 있으면 자기에게 부끄러움이 되는
것을 본성이 너희에게 가르치지 아니하느냐 [고린도전서 11:14]

•

🎓 長(긴 장)이 쓰인 문장을 읽고, 한자어를 써 보세요.

校長
교장

단어풀이: 학교의 교무를 통괄하고 교직원을 감독하는 최고의 직책.
활용문장: 校長 선생님께서 나에게 직접 상장을 주셨다.

校	長					
학교 교	긴 장					

長女
장녀

단어풀이: 맨 먼저 낳은 딸.
활용문장: 대부분의 부모들은 장남과 長女에 대한 기대가 상당히 크다고 한다.

長	女					
긴 장	여자 녀					

學長
학장

단어풀이: 단과 대학의 최고 책임자.
활용문장: 총장은 박 교수를 문과 대학 學長으로 명하였다.

學	長					
배울 학	긴 장					

▌상대자 : 長 ⇔ 短 / 길다(長)의 상대자는 짧다(短)입니다.
▌상대어 : 長點 ⇔ 短點 / 장점(長點)의 상대어는 단점(短點)입니다.
▌사자성어 : 百萬長者(백만장자), 落落長松(낙락장송), 長幼有序(장유유서)

 해 년

부수 干(방패 간)　　총획 6획

훈(뜻) : 해 또는 나이라는 뜻입니다.
음(소리) : 년이라고 읽습니다.

간체자 年

• 年(nián)니앤

年(해 년)의 변천 과정을 살펴보고, 어떻게 만들어졌나 잘 읽어보세요.

갑골문	전서	예서	해서
𠂹	⇨ 秊	⇨ 秊	⇨ 年

年은 본자는 秊. 벼[禾]를 심어 곡식이 이삭을 패고 수확하는 기간이 일 년이라는 뜻[秊]을 나타낸 글자로, '해', '나이' 라는 뜻으로 사용됩니다.

 필순에 따라 年을 바르게 써 보세요.

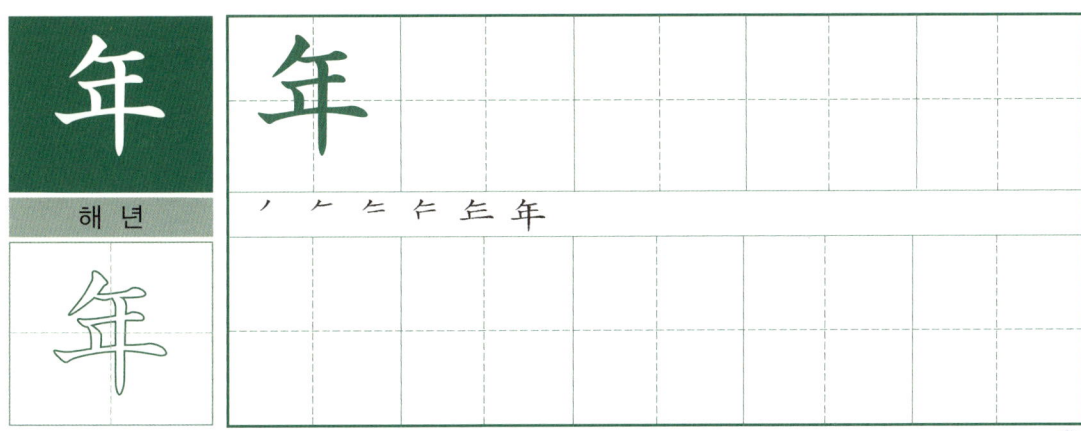

해 년

101

💡 다음 그림을 보고 문장의 (　) 안에 알맞은 한자를 써 보세요.

한 해(　　)가 가기 전에
이 일을 완성하여야 한다.

해마다 연(　　)말에는
구세군 남비가 등장합니다.

💡 다음 거꾸로 된 글자의 훈[뜻]과 음[소리]을 써 보세요.

훈(뜻) :

음(소리) :

💡 다음 밑줄 친 한자의 음[소리]을 바르게 고쳐 쓰세요.

문 최근 일 年(년) 사이에 그녀는 몰라보게 뚱뚱해졌다.
.... [　　　　]

💡 다음 중 밑줄 친 뜻에 맞는 한자를 골라 연결하세요.

> 해마다 우리 토지 소산의 맏물과 각종 과목의 첫 열매를 여호와의 전에 드리기로 하였고 [느헤미야 10:35]

💡 年(해 년)이 쓰인 문장을 읽고, 한자어를 써 보세요.

學年
학 년

단어풀이 : 학교제도에서 1년을 단위로 한 학습 기간의 구분.
활용문장 : 우리나라에서는 3월에 새 **學年**이 시작된다.

學	年						
배울 학	해 년						

中年
중 년

단어풀이 : 한창 젊은 시기가 지난 40대 안팎의 나이.
활용문장 : **中年**의 신사가 카페로 들어왔다.

中	年						
가운데 중	해 년						

萬年
만 년

단어풀이 : 항상 변함없이 같은 상태.
활용문장 : 우리 아버지는 철저한 건강 관리로 60대의 연세에도 **萬年** 청춘이다.

萬	年						
일만 만	해 년						

- 사자성어 : 百年偕老(백년해로), 百年大計(백년대계), 百年佳約(백년가약),
  百年河淸(백년하청), 權不十年(권불십년), 謹賀新年(근하신년)
  十年知己(십년지기), 十年減壽(십년감수)
- 뜻이 같지만 모양이 다른 글자 : 年(해 년)과 歲(해 세)

 밖 외

부수 夕(저녁 석)　　총획 5획　　간체자 外

훈(뜻) : 밖이라는 뜻입니다.
음(소리) : 외라고 읽습니다.

• 外(wài)와이

外(밖 외)의 변천 과정을 살펴보고, 어떻게 만들어졌나 잘 읽어보세요.

갑골문		전서		예서		해서
	⇨		⇨		⇨	外

外는 보통 아침에 점을 치는 법인데, 저녁[夕]에 점[卜]을 치는 것은 정상에서 벗어나는 일이라는 뜻을 나타낸 글재[外]로, '밖' 이라는 뜻으로 사용됩니다.

필순에 따라 外를 바르게 써 보세요.

밖 외

💡 다음 그림을 보고 문장 (   )속 안에 알맞은 한자를 써 보세요.

나는 사무실에만 있었더니 밖(   ) 에 비가 오는 것을 몰랐다.

비행기를 타고 해외(   ) 여행을 떠났습니다.

💡 다음 거꾸로 된 글자의 훈[뜻]과 음[소리]을 써 보세요.

훈(뜻) :

음(소리) :

💡 다음 밑줄 친 한자의 음[소리]을 바르게 고쳐 쓰세요.

문 그 外(왜)에도 할 일이 많으니까 빨리 끝내도록 해.
....[   ]

💡 다음 중 밑줄 친 뜻에 맞는 한자를 골라 연결하세요.

모든 백성은 그 분향하는 시간에 밖에서 기도하더니
[누가복음 1:10]

•

🔆 外(밖 외)가 쓰인 문장을 읽고, 한자어를 써 보세요.

外國
외 국

단어풀이 : 자기 나라가 아닌 다른 나라.
활용문장 : 그는 정든 부모의 곁을 떠나 外國 유학을 떠났다.

外	國						
밖 외	나라 국						

中外
중 외

단어풀이 : 자기 나라가 아닌 다른 나라.
활용문장 : 그의 활 솜씨는 中外에 소문이 나 있었던 것 같다.

中	外						
가운데 중	밖 외						

外人
외 인

단어풀이 : 다른 나라 사람.
활용문장 : 그 부락은 낯선 外人과의 접촉이 거의 없다.

外	人						
밖 외	사람 인						

- 상대자 : 外 ⇔ 內 / 바깥(外)의 상대자는 안(內)입니다.
- 상대어 : 外部 ⇔ 內部 / 외부(外部)의 상대어는 내부(內部)입니다.
- 사자성어 : 內憂外患(내우외환)

 군사 군

| 부수 | 車 (수레 차) | 총획 | 9획 |

간체자 军

• 军(jūn)쮼

軍(군사 군)의 변천 과정을 살펴보고 어떻게 만들어졌나 잘 읽어보세요.

갑골문		전서		예서		해서
庫		軍		軍	⇨	軍

軍은 전차[車]를 위장하기 위하여 풀 같은 것으로 씌워 놓고 [冖] 진을 친다는 뜻을 나타낸 글자로, '군사', '군대'라는 뜻으로 사용됩니다.

 필순에 따라 軍을 바르게 써 보세요.

軍
군사 군

軍

丶 冖 冖 冖 冃 宣 宣 宣 軍

💡 다음 그림을 보고 문장의 ( ) 안에 알맞은 한자를 써 보세요.

군(　　　)인 아저씨에게
위문편지를 썼습니다.

군(　　　)에 입대한 사병들은
태권도의 기본 동작을 배운다.

💡 다음 거꾸로 된 글자의 훈[뜻]과 음[소리]을 써 보세요.

훈(뜻) :

음(소리) :

💡 다음 밑줄 친 한자의 음[소리]을 바르게 고쳐 쓰세요.

문 대통령은 軍(곤)의 최고 통수권자이다.
....[　　　　　]

💡 다음 중 밑줄 친 뜻에 맞는 한자를 골라 연결하세요.

●왕이 이에 말과 병거와 많은 군사를 보내매 그들이
밤에 가서 그 성읍을 에워쌌더라 [열왕기하 6:14]

🎓 軍(군사 군)이 쓰인 문장을 읽고, 한자어를 써 보세요.

軍人
군 인

- **단어풀이**: 군대에 복무하는 사람을 통틀어 이르는 말.
- **활용문장**: 제가 크면 아버지처럼 자랑스러운 대한민국의 軍人이 되고 싶어요.

軍	人						
군사 군	사람 인						

國軍
국 군

- **단어풀이**: 우리나라의 군대와 군인.
- **활용문장**: 우리나라의 國軍은 육군, 공군, 해군으로 구성되어 있다.

國	軍						
나라 국	군사 군						

大軍
대 군

- **단어풀이**: 병사가 많은 큰 규모의 군대.
- **활용문장**: 674년에 당나라의 大軍이 신라에 쳐들어 왔다.

大	軍						
큰 대	군사 군						

▌사자성어 : 獨不將軍(독불장군), 千軍萬馬(천군만마)
　　　　　　孤軍奮鬪(고군분투), 白衣從軍(백의종군)
▌음이 같지만 뜻이 다른 글자 : 軍(군사 군)과 君(임금 군)

 마디 촌

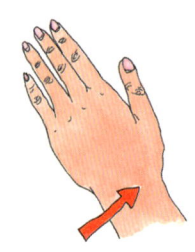

| 부수 | 寸 (마디 촌) | 총획 | 3획 |

훈(뜻) : 마디 또는 법도라는 뜻입니다.
음(소리) : 촌이라고 읽습니다.

간체자

• 寸(cùn)츈

寸(마디 촌)의 변천 과정을 살펴보고 어떻게 만들어졌나 잘 읽어보세요.

갑골문	전서	예서	해서
㋛ ⇨	㋛ ⇨	寸 ⇨	寸

寸은 손목[十]에서 맥박[丶] 뛰는 곳까지의 길이가 한 치[寸]임을 나타낸 글자로, '마디', '법도'라는 뜻으로 사용됩니다.

🍄 필순에 따라 寸을 바르게 써 보세요.

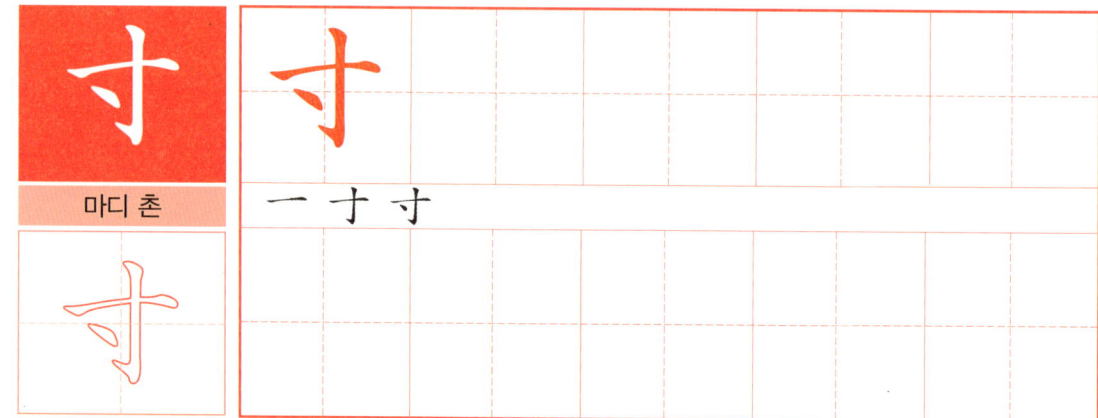

마디 촌 一 十 寸

💡 다음 그림을 보고 문장의 (   ) 안에 알맞은 한자를 써 보세요.

삼촌(   )은 영어 선생님입니다.

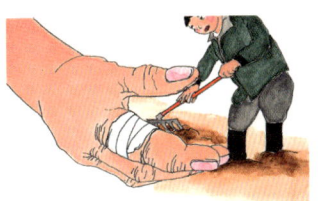
고된 농사일로 다져진 그의 손은 마디(   )가 굵고 거칠었다.

💡 다음 거꾸로 된 글자의 훈[뜻]과 음[소리]을 써 보세요.

훈(뜻) :

음(소리) :

💡 다음 밑줄 친 한자의 음[소리]을 바르게 고쳐 쓰세요.

문 그 친척이 너와 몇 寸(천)이 되는지 알고 있느냐?
···[   ]

💡 다음 중 밑줄 친 뜻에 맞는 한자를 골라 연결하세요.

한 마디 말로 총명한 자에게 충고하는 것이 매 백 대로 미련한 자를 때리는 것보다 더욱 깊이 박히느니라 [잠언 17:10]

🏆 寸(마디 촌)이 쓰인 문장을 읽고, 한자어를 완성해 보세요.

三寸
삼촌

단어풀이 : 아버지나 어머니의 형제를 가리키거나 부르는 말.
활용문장 : 오랜만에 三寸이 우리집에 놀러오셨다.

三	寸						
석 삼	마디 촌						

四寸
사촌

단어풀이 : 어버이의 친형제자매의 아들이나 딸을 촌수로 따져서 이르는 말.
활용문장 : 우리 집안의 四寸들은 사이가 좋아 자주 함께 모이는 편이었다.

四	寸						
넉 사	마디 촌						

六寸
육촌

단어풀이 : 사촌의 아들딸끼리의 친족 관계.
활용문장 : 그를 오랜만에 만나 촌수를 캐보니 六寸 사이인 것이 밝혀졌다.

六	寸						
여섯 륙	마디 촌						

■ 사자성어 : 一寸光陰(일촌광음)

■ 음이 같지만 뜻이 다른 글자 : 寸(마디 촌)과 村(마을 촌)

복습 복습 앞에서 배운 한자를 확실하게 익히자!

1 다음 〈보기〉와 같이 한자의 뜻과 음을 쓰세요.

〈보기〉 月→ (달 월)
　　　　　↑ ↑
　　　　　뜻 음

① 長 →(　　　　　　　　　　　)
② 年 →(　　　　　　　　　　　)
③ 外 →(　　　　　　　　　　　)
④ 軍 →(　　　　　　　　　　　)

2 다음 〈보기〉와 같이 뜻과 음에 알맞은 한자를 쓰세요.

〈보기〉　달 월→ (月)

① 해 년 →(　　　　　　　　　)
② 마디 촌→(　　　　　　　　　)
③ 군사 군→(　　　　　　　　　)
④ 긴 장 →(　　　　　　　　　)

3 다음 뜻에 해당하는 한자를 쓰세요.

① 길다 →(　　　　) ② 군사 →(　　　　)
③ 밖 →(　　　　) ④ 마디 →(　　　　)

4 다음 한자어를 〈보기〉와 같이 독음하세요.

〈보기〉　一月→ (일월)

① 長年 →(　　　　　) ② 三寸 →(　　　　　)
③ 外軍 →(　　　　　) ④ 外國 →(　　　　　)

5 다음 ( )안에 알맞은 한자를 〈보기〉에서 찾아 써 보세요.

> 〈보기〉 軍 長 寸 外 年

지팡이를 짚고가는 노인머리 긴 ( )이고
천 번 손 길 벼 농 사 는 농부노고 해 ( )이며
저 녁 에 는 밖 에 나 가 점 을 치 니 바 깥 ( )고
전 차 덮 은 군 사 ( )과 맥 박 뛰 는 마 디 ( )자

6 다음의 뜻·소리·한자를 서로 바르게 연결해 보세요.

군사 •　　　　• 촌 •　　　　• 長

마리 •　　　　• 군 •　　　　• 軍

바깥 •　　　　• 외 •　　　　• 外

길다 •　　　　• 장 •　　　　• 寸

7 다음 □안에 알맞은 한자를 써 보세요.

　　女　　　　年　　　　國　　　　軍
장 녀　　　중 년　　　외 국　　　국 군

5주 | 노래

아름답게	해가돌아	빛이나는	한국 韓 은 한
백성들이	안전하게	살아가는	나라 國 자 국
꼬리번쩍	전갈모양	발이많아	일만 萬 자 만
뿌리같은	개개인을	모두덮은	백성 民 자 민

6주 | 노래

봄의초목	싹 나올땐	붉은빛이	푸를 靑 에 청
해 가빛을	발하니까	흰빛되어	흰 白 이고 백
높고낮은	세봉우리	그려놓은	메 山 이며 산
두짝문을	그린모양	드나드는	문 門 이다 문

7주 | 노래

지팡이를	짚고가는	노인머리	긴 長 이고 장
천번손길	벼농사는	농부노고	해 年 이며 년
저녁에는	밖에나가	점을치니	바깥 外 고 외
전차덮은	군사 軍 과 군	맥박뛰는	마디 寸 자 촌

1 뜻과 음을 큰 소리로 읽으면서 한자를 쓰세요.

한국 한	韓
나라 국	國
일만 만	萬
백성 민	民
푸를 청	靑
흰 백	白
뫼 산	山
문 문	門
긴 장	長
해 년	年
밖 외	外
군사 군	軍
마디 촌	寸

2 다음 뜻과 음에 해당하는 한자를 쓰세요.

① 군사 군 → ☐   ② 푸를 청 → ☐

③ 마디 촌 → ☐   ④ 백성 민 → ☐

⑤ 백성 민 → ☐   ⑥ 일만 만 → ☐

⑦ 긴 장 → ☐   ⑧ 나라 국 → ☐

⑨ 문 문 → ☐   ⑩ 한국 한 → ☐

3 다음 한자어의 독음을 쓰세요.

① 韓國 ⇨ (　　)   ② 山門 ⇨ (　　)

③ 青軍 ⇨ (　　)   ④ 國民 ⇨ (　　)

⑤ 長年 ⇨ (　　)   ⑥ 萬年 ⇨ (　　)

⑦ 外軍 ⇨ (　　)   ⑧ 國軍 ⇨ (　　)

⑨ 白軍 ⇨ (　　)   ⑩ 青年 ⇨ (　　)

4 다음 한자어의 독음을 (   )안에 쓰세요.

❶ 독도는 영원히 韓國(   )의 영토이다.

❷ 정치를 위한 정치가 아니라 萬人(   )을 위한 정치가 되어야 한다.

❸ 정부 대표단은 최고 人民(   )회의 의장 주최 만찬에 초대되었다.

❹ 그녀는 서울에서 대학을 마친 한 靑年(   )과 결혼하였다.

❺ 운동회가 시작되자 白軍(   )이 먼저 응원을 하기 시작했다.

❻ 밤늦게 돌아온 나는 식구들이 깰까 봐 大門(   )을 가만히 열었다.

❼ 총장은 박 교수를 문과 대학 學長(   )으로 명하였다.

❽ 그는 정든 부모의 곁을 떠나 外國(   )유학을 떠났다.

❾ 우리 집안의 四寸(   )들은 사이가 좋아 자주 함께 모이는 편이었다.

❿ 우리나라의 國軍(   )은 육군, 공군, 해군으로 구성되어 있다.

5 다음 한자의 뜻과 음을 쓰세요.

❶ 韓 → ❷ 門 →

❸ 國 → ❹ 長 →

❺ 萬 → ❻ 年 →

❼ 民 → ❽ 寸 →

❾ 靑 → ❿ 軍 →

6 다음 밑줄 친 한자어를 한자로 쓰세요.

❶ 나는 자랑스런 <u>한국인</u>이다.
　　　　　　　（　　　）

❷ 어려서 외국으로 입양된 찬호는 <u>모국</u>을 방문할 기회를 기다려 왔다.
　　　　　　　　　　　　　　　（　　　）

❸ 조선 선조 때 율곡 이이는 <u>십만</u> 양병설을 주장하였다.
　　　　　　　　　　　（　　　）

❹ 임금이 암행어사를 보내는 것은 <u>생민</u>을 보호하기 위해서였다.
　　　　　　　　　　　　　　（　　　）

❺ 나는 자연과 늘 함께하는 <u>청산</u>에서 살고 싶다.
　　　　　　　　　　　（　　　）

❻ 아내의 생일에 <u>백금</u> 목걸이를 선물했다.
　　　　　　（　　　）

❼ 그는 <u>문중</u>회의에 자손들을 데리고 참석했다.
　　（　　　）

❽ <u>교장</u> 선생님께서 나에게 직접 상장을 주셨다.
（　　　）

❾ 우리나라에서는 3월에 새 <u>학년</u>이 시작된다.
　　　　　　　　　　（　　　）

❿ 그 부락은 낯선 <u>외인</u>과의 접촉이 거의 없다.
　　　　　　（　　　）

⓫ 674년에 당나라의 <u>대군</u>이 신라에 쳐들어 왔다.
　　　　　　　（　　　）

⓬ 오랜만에 <u>삼촌</u>이 우리집에 놀러오셨다.
　　　（　　　）

7 다음 (　)안에 알맞은 한자의 번호를 〈보기〉에서 찾아 쓰세요.

〈보기〉
① 萬　② 白　③ 長　④ 韓　⑤ 外　⑥ 門
⑦ 山　⑧ 民　⑨ 軍　⑩ 靑　⑪ 年　⑫ 國

아름답게 해가돌아 빛이나는 한국(　)은
백성들이 안전하게 살아가는 나라(　)자
꼬리번쩍 전갈모양 발이많아 일만(　)자
뿌리같은 개개인을 모두덮은 백성(　)자

봄의초목 싹나올땐 붉은빛이 푸를(　)에
해가빛을 발하니까 흰빛되어 흰(　)이고
높고낮은 세봉우리 그려놓은 메(　)이며
두짝문을 그린모양 드나드는 문(　)이다

지팡이를 짚고가는 노인머리 긴(　)이고
천번손길 벼농사는 농부노고 해(　)이며
저녁에는 밖에나가 점을치니 바깥(　)고
전차덮은 군사(　)과 맥박뛰는 마디(　)자

아하! 급수시험이 이거구나~🎵

어문회 주관 한자능력검정시험 8급 예상문제 2회

★ 다음 한자의 뜻과 음을 쓰세요.(1-10)

[보기] 音→소리 음

1. 小 → (   )   2. 國 → (   )
3. 韓 → (   )   4. 白 → (   )
5. 水 → (   )   6. 王 → (   )
7. 母 → (   )   8. 木 → (   )
9. 萬 → (   )   10. 靑 → (   )

★ 다음 글을 읽고 한자나 한자어의 독음을 쓰세요. (11-20)

[보기]
土 11)요일마다 父子 12)는 山13)에 오른다.
六14) 月15) 二16)十17)九18)日19)은
내 女20)동생 생일입니다.

11. 土 → (   )   12. 父子 → (   )
13. 山 → (   )   14. 六 → (   )
15. 月 → (   )   16. 二 → (   )
17. 十 → (   )   18. 九 → (   )
19. 日 → (   )   20. 女 → (   )

★ 다음에 알맞은 한자를 <보기>에서 찾아 그 번호를 쓰세요.(21-30)

[보기]
① 五 ② 一 ③ 口 ④ 母 ⑤ 八
⑥ 七 ⑦ 六 ⑧ 子 ⑨ 人 ⑩ 火

21. 어머니 → (   )   22. 사람 → (   )
23. 여덟 → (   )   24. 다섯 → (   )
25. 불   → (   )   26. 일곱 → (   )
27. 입   → (   )   28. 아들 → (   )
29. 여섯 → (   )   30. 하나 → (   )

★ 독음에 맞는 한자어를 <보기>에서 찾아 그 번호를 쓰세요.(31-40)

[보기]
① 靑年 ② 白軍 ③ 父子 ④ 萬民 ⑤ 女王
⑥ 門中 ⑦ 弟子 ⑧ 東山 ⑨ 日月 ⑩ 韓國

31. 부자 → (   )   32. 등산 → (   )
33. 여왕 → (   )   34. 백군 → (   )
35. 문중 → (   )   36. 한국 → (   )
37. 만민 → (   )   38. 일월 → (   )
39. 청년 → (   )   40. 제자 → (   )

★ 다음 한자에 해당하는 음을 <보기>에서 찾아 그 번호를 쓰세요.(41-50)

[보기]
① 부 ② 산 ③ 삼 ④ 십 ⑤ 문
⑥ 녀 ⑦ 토 ⑧ 왕 ⑨ 일 ⑩ 이

41. 三 → (   )   42. 父 → (   )
43. 王 → (   )   44. 女 → (   )
45. 門 → (   )   46. 日 → (   )
47. 山 → (   )   48. 十 → (   )
49. 土 → (   )   50. 二 → (   )

어문회 주관 한자능력검정시험 8급 예상문제 2회 해답

1. 작을 소	26. ⑥
2. 나라 국	27. ③
3. 한국 한	28. ⑧
4. 흰 백	29. ⑦
5. 물 수	30. ②
6. 임금 왕	31. ③
7. 어머니 모	32. ⑧
8. 나무 목	33. ⑤
9. 일만 만	34. ②
10. 푸른 청	35. ⑥
11. 토	36. ⑩
12. 부자	37. ④
13. 산	38. ⑨
14. 륙	39. ①
15. 월	40. ⑦
16. 이	41. ③
17. 십	42. ①
18. 구	43. ⑧
19. 일	44. ⑥
20. 여	45. ⑤
21. ④	46. ⑨
22. ⑨	47. ②
23. ⑤	48. ④
24. ①	49. ⑦
25. ⑩	50. ⑩

수험번호 ☐☐☐-☐☐-☐☐☐☐   성명 ☐☐☐☐☐
주민등록번호 ☐☐☐☐☐☐-☐☐☐☐☐☐☐

※ 유성 싸인펜, 붉은색 필기구 사용불가
※ 답안지는 컴퓨터로 처리되므로 구기거나 더럽히지 마시고, 정답 칸 안에만 쓰십시오. 글씨가 채점란으로 들어오면 오답처리가 됩니다.

8급 2권 전국한자능력검정시험 예상문제 답안지

번호	답안란 정 답	채점란 1검	채점란 2검	번호	답안란 정 답	채점란 1검	채점란 2검
1				26			
2				27			
3				28			
4				29			
5				30			
6				31			
7				32			
8				33			
9				34			
10				35			
11				36			
12				37			
13				38			
14				39			
15				40			
16				41			
17				42			
18				43			
19				44			
20				45			
21				46			
22				47			
23				48			
24				49			
25				50			

참똑똑한 한글달인의 특징

글을 깨우쳐야 생각하는 힘이 생깁니다.

- **1단계에서 예비 1학년 과정(마무리 학습)**
  어린이 학습 능력에 따라 1단계에서 6단계까지 구성되었고 사고력, 응용력, 관찰력을 높여주는 체계적인 학습 프로그램입니다.

- **닿소리, 홀소리 학습에서 문장까지**
  닿소리, 홀소리 학습부터 낱말 문장을 모두 다루어 한글의 기초를 다져 줍니다.

- **정밀하게 그려진 사진 자료**
  낱말에 적당한 그림을 많이 활용하였습니다.

- **창의력 학습**
  어린이의 생각을 자연스럽게 표현하도록 계발한 학습과정을 통해 창의력과 생각하는 힘이 쑥쑥 자라납니다.

몇 단계부터 시작해야 할까요?

	단계선택	내용구성
받침이 없는 낱말	사물의 이름은 알지만 쓰지 못한다.	**1단계** 쓰기의 기초 : 선긋기, 닿소리, 홀소리 익히기 글자 모양익히기 · 낱자 익히기(가~하)
	사물의 이름은 알고 받침 없는 글자를 어느 정도 읽고 쓸 줄 안다.	**2단계** 1단계 되돌아 보기 글자의 합성(닿소리+홀소리) 받침 없는 낱말 익히기(가, 나~퍼, 허)
		3단계 글자의 합성(닿소리+홀소리) 받침 없는 낱말 익히기(고, 노~투, 후)
		4단계 글자의 합성(닿소리+홀소리) 받침 없는 낱말 익히기(그, 느~표, 휴)
받침이 있는 낱말	받침없는 낱말을 읽고 쓸 줄 알지만 받침 있는 글자는 잘 모른다.	**5단계** 받침없는 낱말 되돌아 보기 글자와 받침의 조합 받침 있는 낱말 학습(받침 ㄱ, ㄴ~ㅂ)
	받침이 있는 글자를 잘 모른다.	**6단계** 5단계 되돌아 보기 받침 있는 낱말학습(ㅂ, ㅅ~ㄹ, ㅁ) 겹홀소리 학습(ㅒ, ㅖ~ㅙ, ㅟ) 글읽기(독해력)

참똑똑한 수학달인의 특징

수학의 기초는 곧 계산력!

○ **1단계에서 예비1학년 과정(마무리학습)까지**
어린이의 학습 능력에 따라 1단계에서 6단계까지 구성되었고 사고력과 응용력을 높여주는 체계적인 학습 프로그램입니다.

○ **수 개념 학습에서 덧셈·뺄셈까지**
기초부터 차근차근 알고 넘어가면서 완벽한 기초를 쌓도록 구성되었고 영역별로 구성하여 초등학교 교과 과정과의 연계성을 살렸습니다.

○ **정밀하게 그려진 사진 자료**
수세기의 적당한 그림을 많이 활용하였습니다.

○ **창의력 학습**
어린이의 생각을 자연스럽게 표현하도록 계발한 학습 과정을 통해 창의력과 생각하는 힘이 쑥쑥 자라납니다.

몇 단계부터 시작해야 할까요?

	단계 선택	내용 구성
연산편	**1단계** 1~10까지 수를 세지만 정확하지 않다. 1~10까지 읽을 줄 안다.	• 선긋기 비교하기 짝짓기(1:1 대응) • 1~10까지 수 쓰고 익히기, 수의 순서 • 5 이내의 수 모으기와 가르기
	2단계 1~10까지 수를 세고 쓸 줄 안다. 덧 뺄셈이 가능하다.(5이하 수)	• 10 이내 수 덧, 뺄셈, 수 모으기와 가르기 • 10 이내의 덧, 뺄셈의 어떤 수 알기
	3단계 1~99까지의 수를 완전히 세고 쓸 줄 안다. 덧 뺄셈이 가능하다.(5이하 수)	**2단계 되돌아 보기** **(10이내의 수 덧, 뺄셈, 두자리 수 알기)** • 두 자리수 + 한 자리 수(받아올림이 없는 수) • 두 자리수 - 한 자리 수(받아내림이 없는 수) • 한 자리수 + 한 자리 수(받아올림이 있는 수)
	4단계 두자리 수와 한 자리 수의 덧 뺄셈이 가능하다(받아올림이 없는 수)	**3단계 되돌아보기** **(두 자리 수와 한자리 수 덧, 뺄셈)** • 두 자리 수와 한 자리 수 덧, 뺄셈 (받아올림과 내림수) • 시계 보기(1시간 단위, 30분 단위 시간 알기)
	5단계 두자리 수와 한 자리 수 받아올림과 내림이 가능하다.	**4단계 되돌아보기** **(두 자리 수와 한자리 수 덧, 뺄셈)** **(받아올림과 내림이 있는 수, 시계 보기 몇시30분)** • 두 자리 수와 두 자리 수 덧, 뺄셈 (받아올림과 내림수) • 시계 보기 5분 단위 알기 • 이야기식 문제
사고력	**6단계** 마무리 학습. 예비 1학년 초등학교 1, 2학년	**초등학교 교육과정에 따라 영역별로 구성** **여러가지 이야기식문제, 사고력과 창의력**

기초탄탄한글공부(전6권)
창의력 개발을 위한 단계별 학습

우리말 한글은 소리글자로써 아이들이 처음 말하기 시작하여 3~4세가 되면서 글자에 대한 호기심을 갖게 됩니다. 총체적인 언어 교육은 풍부한 낱말을 바탕으로 말하기와 듣기, 읽기와 쓰기가 잘 어우러져 완전한 학습이 이루어짐과 같이 아이들이 호기심으로부터 지속적으로 학습에 흥미를 가질 수 있도록 글의 내용에 어울리는 그림과 낱말의 읽기와 쓰기를 충분하게 넣어 창의력 개발을 위한 단계별 학습 프로그램으로 편집하였습니다.

**선긋기, 지각능력 테스트
자음, 모음 익히기**

선긋기
닿소리 익히기
홀소리 익히기
ㄱ 낱말 익히기
ㄴ 낱말 익히기
ㄷ 낱말 익히기
ㄹ 낱말 익히기
ㅁ 낱말 익히기
ㅂ 낱말 익히기

**읽기, 쓰기 기본 받침 있는
낱말공부**

되돌아보기
낱말 맞추기
ㄷ 받침 익히기
ㄹ 받침 익히기
ㅁ 받침 익히기
ㅂ 받침 익히기
ㅅ 받침 익히기

**단어의 구성
받침 없는 낱말공부**

ㅅ 낱말 익히기
ㅇ 낱말 익히기
ㅈ 낱말 익히기
ㅊ 낱말 익히기
ㅋ 낱말 익히기
ㅌ 낱말 익히기
ㅍ 낱말 익히기
ㅎ 낱말 익히기
낱말 익히기

**조사, 꾸미는 말
어려운 받침 있는 낱말공부**

되돌아보기
받침 익히기
겹받침 익히기
겹홀소리 익히기
주제별 낱말 익히기
연결말 익히기
시제 익히기

**단어의 어휘력
기본 받침 있는 낱말공부**

되돌아보기
낱말 맞추기
ㄱ 받침 익히기
낱말 익히기
받아쓰기
ㄴ 받침 익히기
낱말 익히기
교통표지 익히기
받아쓰기

**어휘와 문장이해,
1학년 교과과정**

되돌아보기
도와주는 말, 임자말, 풀이말,
꾸밈말 익히기
문장 만들기
문장부호 익히기
글자모양 익히기
인사하기
마무리평가